PRÉFACE

A llâhu ta'âlâ a déclaré dans le quatre-vingt-deuxième âyat de la soûra Mâida du Qur'ân al-kerîm,

"Les plus grands ennemis de l'Islam sont les Juifs et les mushriks."

Le premier méfait inventé pour démolir l'Islam de l'intérieur fut instigué par un juif, à savoir Abdullah bin Sebe' du Yémen. Il a créé la secte chiite contre les Ahl as-sunna, le véritable groupe musulman. À partir de ce moment-là, les Juifs, sous le couvert de savants chiites, ont consolidé cette secte à chaque siècle. Après l'Ascension de 'Îsâ 'alaihissalâm', un certain nombre de Bibles corrompues furent écrites. La plupart des chrétiens devinrent des mushriks (ceux qui croient en plus d'un dieu). D'autres devinrent des kâfirs (mécréants) car ils ne croyaient pas en Muhammad 'alaihissalâm'. Ceux-ci, ainsi que les juifs, étaient appelés Ahl-i kitâb (les gens qui ont un livre céleste). Lorsque l'Islam a été établi, l'hégémonie des prêtres, comme au cours de l'âge des ténèbres, a été abolie. Ils ont fondé des organisations missionnaires pour abolir l'Islam. Les Britanniques ont été les précurseurs à cet égard. Un ministère du Commonwealth a été créé à Londres dans le but de lutter contre l'Islam. Les personnes qui travaillaient dans ce ministère ont appris les astuces juives. Concevant des plans incroyablement vicieux, ils attaquèrent l'Islam en utilisant toutes les forces militaires et politiques disponibles à cette fin.

Hempher, qui n'est qu'un des milliers d'agents masculins et féminins employés et envoyés dans tous les pays par ce ministère, a piégé une personne nommée Muhammad de Najd à Basra, l'a trompé pendant plusieurs années et l'a amené à établir la secte appelée Wahhâbî en 1125 [1713 A.D.]. Ils ont annoncé cette secte en 1150.

Hempher est un missionnaire britannique qui a été chargé de mener des activités d'espionnage en Égypte, en Irak, en Iran, au Hidjaz et à Istanbul, le centre du califat (islamique), en trompant les musulmans et en servant le christianisme, par le biais du ministère du Commonwealth britannique des Nations. Quels que soient les efforts assidus des ennemis de l'Islam pour anéantir l'Islam, ils ne pourront jamais éteindre cette lumière d'Allâhu ta'âlâ. En effet, Allâhu ta'âlâ déclare ce qui suit, comme le prétendent les douzième et soixante-troisième âyats de la sûra Yûsuf et la neuvième âyat de la sûra Hijr du Qur'ân al-kerîm :

"Je t'ai révélé ce Qur'ân. En vérité, je serai son protecteur."

Les mécréants ne pourront pas le profaner, le modifier ou le souiller. Ils ne pourront jamais éteindre cette lumière. Allâhu ta'âlâ a envoyé le Qur'ân al-kerîm à Son bien-aimé Prophète Muhammad 'alaihis-salâm' morceau par morceau en vingt-trois ans par l'intermédiaire de Son ange nommé Jebrâ'îl. Abû Bekr "radiyallâhu ta'âlâ

MÉMOIRES DE HEMPHER
ESPION BRITANNIQUE AU MOYEN-ORIENT
et
L'hostilité contre l'Islam

Les Confessions d'un espion britannique sont un document censé être le récit d'un agent britannique du XVIIIe siècle, Hempher, sur son rôle déterminant dans la fondation du mouvement de réforme islamique conservateur du wahhabisme, dans le cadre d'une conspiration visant à corrompre l'islam. Il a été publié pour la première fois en 1888, en turc, dans le *Mir'at al-Haramayn* en cinq volumes d'Ayyub Sabri Pasha (considéré par certain comme son auteur réel).

Le grand-père de Muhammad ibn Abd al-Wahhab, fondateur du wahhabisme, était un marchand de Bursa en Turquie qui était un *Dönme*, c'est-à-dire un crypto-juif ; son nom, Sulayman, était à l'origine Shulman.

MÉMOIRES DE HEMPHER,

ESPION BRITANNIQUE AU MOYEN-ORIENT
l'hostilité contre l'Islam

*Confessions of a British spy and British enmity against Islam,
Memoirs Of Mr. Hempher, The British Spy To The Middle East*

Traduit et publié par
Omnia Veritas Ltd

www.omnia-veritas.com

© Omnia Veritas Limited – 2021

Memoirs Of Mr. Hempher, The British Spy To The Middle East
(*Mémoires de M. Hempher, l'espion britannique au Moyen-Orient*) est le titre d'un document qui a été publié en série (épisodes) dans le journal allemand *Spiegel* et plus tard dans un important journal français. Un médecin libanais a traduit le document en arabe, puis en anglais et dans d'autres langues.

Les publications de Waqf Ikhlas ont publié et diffusé le document en anglais sur papier et par voie électronique sous le titre : *Confessions d'un espion britannique et inimitié britannique contre l'Islam.*

Ce document révèle le véritable contexte du mouvement wahhabite qui a été imposé par Mohammad bin abdul Wahhab et explique les nombreux mensonges qu'il a répandu au nom de l'Islam et expose son antagonisme envers la religion de l'Islam et le prophète Mohammed sallallahu alayhi wa sallam et envers les musulmans en général. Il n'est pas étonnant que les wahhabites soient aujourd'hui l'épine dorsale du terrorisme, autorisant, finançant et planifiant le versement du sang de musulmans et d'autres innocents.

Leur histoire bien connue de terrorisme, telle que documentée dans *Fitnatul Wahhabiyyah* par le mufti de La Mecque, Sheikh Ahmad Zayni Dahlan, et leurs assassinats actuels sont dus à leur conviction que tous sont des blasphémateurs, sauf eux-mêmes.

Qu'Allah protège nos nations de leurs maux.

PARTIE I

LES CONFESSIONS D'UN ESPION BRITANNIQUE

'anh", le premier Khalîfa, a fait compiler les 6236, âyats qui ont été envoyés par Allâhu ta'âlâ, et ainsi le grand livre nommé Mushaf a été formé. Muhammad 'alaihissalâm' a expliqué l'ensemble du Qur'ân al-kerîm à son As-hâb.

Les savants islamiques ont écrit tout ce qu'ils ont entendu de la part des As-hâb-i-kirâm. Des milliers de livres de tafsîr (explication) ainsi formés furent publiés dans tous les pays. Toutes les copies du Qur'ân al-kerîm existant aujourd'hui dans le monde sont identiques. Il n'y a même pas une seule différence littérale ou diacritique dans aucun d'entre eux. Pendant quatorze siècles, les musulmans ont travaillé dans la voie lumineuse enseignée par le Qur'ân al-kerîm et ont fait des progrès dans la connaissance, l'éthique, la science, les arts, le commerce et la politique. Ils ont établi de grands États. Après la Révolution française de 1204 [C.E. 1789], les jeunes Européens ont vu les immoralités, les cruautés, les vols et les mendiants perpétrés par les églises et les prêtres, et, par conséquent, certains d'entre eux sont devenus musulmans, tandis que d'autres sont devenus athées. Plus ils s'éloignaient du christianisme, plus ils progressaient dans le domaine des sciences et de la technologie. Car le christianisme était une entrave aux efforts et aux progrès du monde. Et certains musulmans, en lisant les livres écrits par ces jeunes gens pour critiquer le christianisme, et en croyant les mensonges et les calomnies des missionnaires britanniques à l'encontre de l'Islam, devinrent tout à fait ignorants de l'Islam. À mesure qu'ils s'éloignaient de l'islam, ils commençaient à décliner dans le domaine scientifique. En effet, l'un des principaux commandements de l'Islam est de travailler au progrès du monde.

La politique de l'État britannique est essentiellement basée sur des méthodes d'exploitation des richesses naturelles du monde, en particulier celles de l'Afrique et de l'Inde, en employant leurs habitants comme des bêtes, et en transférant tous les revenus qui en résultent vers la Grande-Bretagne. Les personnes qui ont eu la chance d'atteindre l'Islam, la religion qui commande la justice, l'amour mutuel et la charité, font obstacle aux cruautés et aux faussetés britanniques.

Nous avons préparé notre livre en trois parties :

La première section, qui se compose de sept parties, comprend les calomnies de l'espion britannique. Elles ont été conçues par les Britanniques dans le but d'anéantir l'Islam.

La deuxième section raconte comment les Britanniques ont insidieusement mis en pratique leurs plans perfides dans les pays musulmans, comment ils ont trompé les hommes d'État, comment ils ont infligé aux musulmans des tourments d'une amertume inimaginable, et comment ils ont détruit les États indien et ottoman. La façon dont les Juifs et les Britanniques ont attaqué l'Islam est rapportée avec des citations de Hakîkat-ul-Yehûd, qui a été écrit par Fuâd bin Abdurrahman Rufâî et publié par Mektebetussahâbetul Islamiyye au Koweït-Safât-Salimiyya. Cette section de notre livre est corroborée par des documents qui réveilleront ces pauvres musulmans qui sont piégés par les Wahhabites et qui soutiendront les écrits des savants d'Ahl as-sunna.

CHAPITRE I

Hempher déclare :

Notre Grande-Bretagne est très vaste. Le soleil se lève au-dessus de ses mers, et se couche, à nouveau, sous ses mers. Pourtant, notre État est relativement faible concernant ses colonies en Inde, en Chine et au Moyen-Orient. Ces pays ne sont pas entièrement sous notre domination. Cependant, nous avons mené une politique très active et fructueuse dans ces endroits. Nous serons très bientôt en pleine possession de tous ces pays. Deux choses sont importantes :

1- Essayer de conserver les places que nous avons déjà obtenues ;
2- Pour essayer de prendre possession des lieux que nous n'avons pas encore obtenus.

Le ministère du Commonwealth a affecté une commission de chacune des colonies à l'exécution de ces deux tâches. Dès que j'ai rejoint le ministère du Commonwealth, le ministre m'a accordé sa confiance et m'a nommé administrateur de notre société aux Indes orientales. En apparence, il s'agissait d'une société commerciale. Mais sa véritable tâche était de rechercher les moyens de prendre le contrôle des très vastes terres de l'Inde.

Notre gouvernement n'était pas du tout nerveux à propos de l'Inde. L'Inde était un pays où cohabitaient des personnes de diverses nationalités, parlant des langues différentes et ayant des intérêts contrastés. Nous n'avions pas non plus peur de la Chine. Car les religions dominantes en Chine étaient le bouddhisme et le confucianisme, et aucune d'entre elles ne représentait une grande menace. Toutes deux étaient des religions mortes qui n'instituaient aucun souci de la vie et qui n'étaient que des formes d'adresses. Pour cette raison, les habitants de ces deux pays n'étaient guère susceptibles d'éprouver des sentiments de patriotisme. Ces deux pays ne nous inquiétaient pas, nous, le gouvernement britannique. Pourtant, les événements qui pouvaient se produire plus tard n'étaient pas hors de notre considération. Par conséquent, nous concevions des plans à long terme pour semer la discorde, l'ignorance, la pauvreté et même les maladies dans ces pays. Nous imitions les coutumes et les traditions de ces deux pays, dissimulant ainsi facilement nos intentions.

Ce qui nous mettait le plus les nerfs à vif, c'était les pays islamiques. Nous avions déjà conclu des accords, tous à notre avantage, avec l'Homme malade (l'Empire ottoman). Les membres expérimentés du ministère du Commonwealth avaient prédit que cet homme malade disparaîtrait en moins d'un siècle. En outre, nous avions conclu des accords secrets avec le gouvernement iranien et placé dans ces deux pays des hommes d'État dont nous avions fait des maçons. Des corruptions telles que la corruption, l'incompétence de l'administration et l'insuffisance de l'éducation religieuse, qui conduisait à son tour à être occupé par de jolies femmes et par conséquent à négliger son devoir, ont brisé les reins de ces deux pays. Malgré tout cela, nous étions inquiets que nos activités ne donnent pas les résultats que nous attendions, pour des raisons que je vais citer ci-dessous :

1- Les musulmans sont extrêmement dévoués à l'islam. Chaque musulman est aussi fortement attaché à l'islam qu'un prêtre ou un moine au christianisme, si ce n'est plus. Comme on le sait, les prêtres et les moines préfèrent mourir plutôt que d'abandonner le christianisme. Les plus dangereux de ces gens sont les chiites d'Iran. Car ils traitent les personnes qui ne sont pas chiites d'infidèles et d'immondes. Selon les chiites, les chrétiens sont comme une saleté nocive. Naturellement, on fait de son mieux pour se débarrasser de la saleté. Un jour, j'ai demandé ceci à un chiite : Pourquoi considérez-vous les chrétiens comme tels ? On m'a répondu ceci : "Le prophète de l'islam était une personne très sage. Il a soumis les chrétiens à une oppression spirituelle afin de leur faire trouver le bon chemin en rejoignant la religion d'Allah, l'islam. En fait, c'est une politique d'État de maintenir une personne jugée dangereuse sous une oppression spirituelle jusqu'à ce qu'elle s'engage à obéir. La saleté dont je parle n'est pas matérielle, c'est une oppression spirituelle qui n'est pas propre aux seuls chrétiens. Elle concerne les sunnites et tous les mécréants. Même nos anciens ancêtres iraniens magiques sont immondes selon les chiites."

Je lui ai dit : "Eh bien ! Les sunnites et les chrétiens croient en Allah, aux prophètes et au Jour du Jugement, aussi ; pourquoi seraient-ils immondes, alors ?". Il répondit : "Ils sont injurieux pour deux raisons : Ils imputent la mendicité à notre Prophète, Hadrat Muhammad — qu'Allah nous protège contre un tel acte !¹ Et nous, en réponse à cette imputation atroce, nous suivons la règle exprimée dans le dicton : 'Si une personne vous tourmente, vous pouvez la tourmenter en retour', et nous leur disons :

"Vous êtes infâme. Deuxièmement, les chrétiens font des allégations offensantes sur les prophètes d'Allah. Par exemple, ils disent : Îsâ (Jésus) 'alaihis-salâm' buvait de l'alcool. Parce qu'il était maudit, il a été crucifié".

Consterné, j'ai dit à l'homme que les chrétiens ne le disaient pas. "Si, ils le disent", m'a-t-on répondu, "et vous ne le savez pas. C'est écrit dans la Sainte Bible." Je me suis tu. Car l'homme avait raison sur le premier point, mais pas sur le second. Je ne voulais pas poursuivre la dispute plus longtemps. Sinon, ils pourraient se méfier de moi, habillé en tenue islamique comme je l'étais.

---

¹ Cependant, ceux qui imputent la mendicité à notre Prophète sont les shi'ites et les chrétiens. Les croyances déviantes, les mots et les mauvaises œuvres des chiites qui ne sont pas conformes à ceux de notre Prophète et du Qur'ân al-kerîm sont écrits et réfutés chacun dans les livres d'Ahl-i sunnat tels que As-Sawaiq ul-muhrika, Tuhfa-i ithnâ ashariyya, Te'yîd-i Ahl-i Sunnat, Nâhiye, Ashab-i kirâm, Hujaj-i qat'iyye, et Milal wa Nihal. L'auteur du Sawaiq Ahmed ibni Hajar Mekkî est mort à Mekka en 974 [1566 A.D.] ; l'auteur de Tuhfa Abdul 'Azîz est mort à Delhi en 1239 [1824 A.D.] ; l'auteur de Te'yîd, Imam-i Rabbânî Ahmad Fârûqî, est mort à Serhend en 1034 [1624 A.D.], l'auteur de Nâhiye, Abdul 'Azîz Ferhârevî, est mort en 1239 [1824 A.D.] ; l'auteur d'Ashab-i kirâm, Abdulhakim Arwâsî, est mort à Ankara en 1362 [1943 A.D.] ; l'auteur de Hujaj, Abdullah Suweydî, est mort à Baghdâd en 1174 [1760 A.D.] ; l'auteur de Milal, Muhammad Shihristânî, est mort à Baghdâd en 548 [1154 A.D.].

J'évitais donc de telles disputes.

2- L'islam était autrefois une religion d'administration et d'autorité. Et les musulmans étaient respectés. Il serait difficile de dire à ces personnes respectables qu'elles sont désormais des esclaves. Il ne serait pas non plus possible de falsifier l'histoire de l'Islam et de dire aux musulmans : L'honneur et le respect que vous avez obtenus à une époque étaient le résultat de certaines conditions (favorables). Ces jours sont maintenant révolus et ne reviendront jamais.

3- Nous étions très inquiets que les Ottomans et les Iraniens puissent remarquer nos complots et les déjouer. Bien que ces deux États aient déjà été considérablement affaiblis, nous n'étions toujours pas certains, car ils disposaient d'un gouvernement central avec des biens, des armes et une autorité.

4- Nous étions extrêmement mal à l'aise avec les savants islamiques. Car les savants d'Istanbul et d'Al-adh-har, les savants irakiens et damascènes étaient des obstacles insurmontables à nos objectifs. Car ils étaient le genre de personnes qui ne compromettraient jamais leurs principes jusqu'à la plus petite mesure parce qu'ils s'étaient détournés des plaisirs et des ornements éphémères du monde et avaient fixé leurs yeux sur le Paradis promis par le Qur'ân al-kerîm. Le peuple les suivait. Même le sultan avait peur d'eux. Les sunnites n'avaient pas une adhésion aussi forte aux savants que les chiites. En effet, les chiites ne lisaient pas de livres, ils ne reconnaissaient que les savants et ne montraient pas le respect dû au sultan. Les sunnites, par contre, lisaient des livres et respectaient les savants et le sultan.

Nous avons donc préparé une série de conférences. Pourtant, chaque fois que nous avons essayé, nous avons constaté avec déception que la route était fermée pour nous. Les rapports que nous recevions de nos espions étaient toujours frustrants, et les conférences n'aboutissaient à rien. Mais nous n'avons pas perdu espoir. Car nous sommes le genre de personnes qui ont pris l'habitude de respirer profondément et d'être patientes.

Le ministre lui-même, les plus hauts ordres sacerdotaux et quelques spécialistes ont assisté à l'une de nos conférences. Nous étions vingt. Notre conférence a duré trois heures, et la dernière session a été clôturée sans parvenir à une conclusion fructueuse. Pourtant, un prêtre a dit :

> "Ne vous inquiétez pas ! Car le Messie et ses compagnons n'ont obtenu l'autorité qu'après une persécution qui a duré trois cents ans. On espère que, depuis le monde de l'inconnu, il jettera un œil sur nous et nous accordera la chance d'expulser les incroyants, (il veut dire les musulmans), de leurs centres, que ce soit trois cents ans plus tard. Avec une forte conviction et une patience à long terme, nous devons nous armer ! Afin d'obtenir l'autorité, nous devons prendre possession de toutes sortes de médias, essayer toutes les méthodes possibles. Nous devons essayer de répandre le christianisme parmi les musulmans. Il sera bon pour nous de réaliser notre objectif, même si ce sera après des siècles. Car les pères travaillent pour leurs enfants."

Une conférence a été organisée, à laquelle ont participé des diplomates et des religieux de Russie, de France et d'Angleterre. J'ai eu beaucoup de chance. Moi aussi, j'y ai assisté parce que le ministre et moi étions en très bons termes. Au cours de la conférence, il a été question de diviser les musulmans en groupes, de leur faire abandonner leur foi et de les ramener à la foi (les christianiser) comme en Espagne. Mais les conclusions ne sont pas celles que l'on attendait. J'ai écrit sur toutes les discussions tenues lors de cette conférence dans mon livre "Ilâ Melekût-il-Mesîh".

Il est difficile de déraciner soudainement un arbre qui a envoyé ses racines jusqu'aux profondeurs de la terre. Mais nous devons rendre les épreuves faciles et les surmonter. Le christianisme est venu pour se répandre. Notre Seigneur le Messie nous l'a promis. Les mauvaises conditions dans lesquelles se trouvaient l'Est et l'Ouest ont aidé Mahomet. Ces conditions ayant disparu, les nuisances (il veut dire l'Islam) qui les accompagnaient ont disparu. Nous observons avec plaisir aujourd'hui que la situation a complètement changé. Grâce aux grands travaux et efforts de notre ministère et d'autres gouvernements chrétiens, les musulmans sont maintenant en déclin. Les chrétiens, quant à eux, prennent de l'ascendant. Il est temps que nous reprenions les places que nous avons perdues au cours des siècles. Le puissant État de Grande-Bretagne est le pionnier de cette tâche bénie [d'anéantir l'islam].

CHAPITRE II

En l'an Hijrî 1122, C.E. 1710, le Ministre du Commonwealth m'a envoyé en Egypte, en Irak, au Hidjaz et à Istanbul pour agir en tant qu'espion et obtenir des informations nécessaires et suffisantes pour le démembrement des musulmans. Le ministère nomma neuf autres personnes, pleines d'agilité et de courage, pour la même mission et au même moment. En plus de l'argent, des informations et des cartes dont nous aurions besoin, on nous remit une liste contenant des noms d'hommes d'État, de savants et de chefs de tribus. Je n'oublierai jamais ! Lorsque j'ai fait mes adieux au secrétaire, il m'a dit :

"L'avenir de notre État dépend de votre réussite. Vous devez donc déployer toute votre énergie."

Je suis parti pour un voyage à Istanbul, le centre du califat islamique. Outre ma tâche principale, je devais apprendre très bien le turc, la langue maternelle des musulmans là-bas. J'avais déjà appris à Londres une quantité considérable de turc, d'arabe (la langue du Coran) et de persan, la langue des Iraniens. Cependant, apprendre une langue est très différent de parler cette langue comme ses locuteurs natifs. Si la première compétence peut être acquise en quelques années, la seconde nécessite une durée plusieurs fois supérieure. Je devais apprendre le turc avec toutes ses subtilités de peur que les gens ne me soupçonnent.

Je n'étais pas inquiet qu'ils me soupçonnent. Car les musulmans sont tolérants, ouverts, bienveillants, comme ils l'ont appris de leur prophète Muhammad 'alai-his-salâm'. Ils ne sont pas sceptiques comme nous. Après tout, à cette époque, le gouvernement turc n'avait pas d'organisation pour arrêter les espions.

Après un voyage très fatigant, je suis arrivé à Istanbul. J'ai dit que je m'appelais Muhammad et j'ai commencé à me rendre à la mosquée, le temple des musulmans. J'aimais la façon dont les musulmans observaient la discipline, la propreté et l'obéissance. Pendant un moment, je me suis dit : Pourquoi combattons-nous ces gens innocents ? Est-ce là ce que notre Seigneur Jésus-Christ nous a conseillé ? Mais je me suis aussitôt remis de cette pensée diabolique [!] et j'ai décidé d'accomplir mon devoir de la meilleure façon.

À Istanbul, j'ai rencontré un vieux savant nommé "Ahmed Efendi". Avec ses manières élégantes, son ouverture d'esprit, sa limpidité spirituelle et sa bienveillance, aucun de nos hommes religieux que j'avais vus n'aurait pu l'égaler. Cette personne s'efforçait jour et nuit de se rendre semblable au prophète Mahomet. Selon lui, Muhammed était l'homme le plus parfait, le plus élevé. Chaque fois qu'il prononçait son nom, ses yeux devenaient humides. J'ai dû avoir beaucoup de chance, car il ne m'a même pas demandé qui j'étais ni d'où je venais. Il s'adressait à moi en disant "Muhammad Efendi". Il répondait à mes questions et me traitait avec tendresse et compassion. Car il me considérait comme un invité venu à Istanbul pour travailler en Turquie et vivre à l'ombre du Khalîfa, le représentant du prophète Mahomet. C'était d'ailleurs le prétexte que j'utilisais pour rester à Istanbul.

Un jour, j'ai dit à Ahmed Efendi : "Mes parents sont morts. Je n'ai ni frères ni sœurs, et je n'ai hérité d'aucun bien. Je suis venu au centre de l'Islam pour travailler pour gagner ma vie et pour apprendre le Qur'ân al-kerîm et la Sunnat, c'est-à-dire pour gagner à la fois mes besoins mondains et ma vie dans l'au-delà." Il était très heureux de ces paroles de ma part, et a dit : "Vous méritez d'être respecté pour ces trois raisons." J'écris exactement ce qu'il a dit :

1.   "Tu es un musulman. Tous les musulmans sont des frères.

2.   Vous êtes un invité. Rasûlullah 'sall-Allâhu alaihi wa sallam' a déclaré : "Offrez l'hospitalité à vos invités !

3.   Vous voulez travailler. Il y a un hadîth-i sherîf qui dit qu'une personne qui travaille est aimée d'Allah."

Ces paroles m'ont beaucoup plu. Je me suis dit : "Si seulement il y avait aussi des vérités aussi lumineuses dans le christianisme ! C'est dommage qu'il n'y en ait pas." Ce qui me surprenait, c'était le fait que l'Islam, une religion aussi noble soit-elle, était en train de se dégrader entre les mains de ces gens vaniteux qui étaient tout à fait inconscients de ce qui se passait dans la vie.

J'ai dit à Ahmed Efendi que je voulais apprendre le Qur'ân al-kerîm. Il m'a répondu qu'il m'enseignerait avec plaisir, et a commencé à m'enseigner (Fâtiha sûra). Il m'expliquait les significations au fur et à mesure de la lecture. J'avais de grandes difficultés à prononcer certains mots. En deux ans, j'ai lu tout le Qur'ân al-kerîm. Avant chaque leçon, il faisait une ablution et m'ordonnait également de faire une ablution. Il s'asseyait vers la qibla (Ka'ba) et commençait à enseigner.

Ce que les musulmans appellent ablution consistait en une série de lavages, comme suit :

1) Laver le visage ;
2) Lavage du bras droit des doigts aux coudes ;
3) Lavage du bras gauche des doigts aux coudes ;
4) Faire le masah (humidifier les deux mains et les frotter doucement sur) la tête, l'arrière des oreilles, (l'arrière) du cou ;
5) Laver les deux pieds.

Devoir utiliser le miswâk m'a beaucoup vexé. "Miswâk" est un rameau avec lequel ils (les musulmans) se nettoient la bouche et les dents. Je pensais que ce morceau de bois était nocif pour la bouche et les dents. Parfois, il me faisait mal à la bouche et provoquait des saignements. Pourtant, je devais l'utiliser. Car, selon eux, utiliser le "miswâk" était une sunnat muakkad du Prophète. Ils ont dit que ce bois était très utile. En effet, le saignement de mes dents a pris fin. Et l'haleine fétide que j'avais jusqu'alors, et que la plupart des Britanniques ont, a disparu.

Pendant mon séjour à Istanbul, je passais les nuits dans une chambre que j'avais louée à un homme responsable du service dans une mosquée. Le nom de ce serviteur était "Marwân Efendi". Marwân est le nom d'un des Sahâba (Compagnons) du Prophète Muhammad. Le serviteur était un homme très nerveux. Il se vantait de son nom et me disait que si j'avais un fils dans le futur, je devrais "l'appeler Marwân, parce que Marwân est l'un des plus grands guerriers de l'Islam".

"Marwân Efendi" préparerait le dîner du soir. Je n'allais pas travailler le vendredi, jour férié pour les musulmans. Les autres jours de la semaine, je travaillais pour un charpentier nommé Khâlid, en étant payé à la semaine. Comme je travaillais à temps partiel, c'est-à-dire du matin au midi, il me donnait la moitié du salaire qu'il donnait aux autres employés. Ce charpentier passait une grande partie de son temps libre à raconter les vertus de "Khâlid bin Walîd". Khâlid bin Walîd, l'un des Sahâba du Prophète Muhammad, est un grand mujâhid (un guerrier pour l'Islam). Il a accompli diverses conquêtes islamiques. Pourtant, sa destitution (de Khâlid bin Walîd) par 'Umar bin Hattâb pendant le califat de ce dernier a irrité le cœur du charpentier.[2]

"Khâlid", le charpentier pour lequel je travaillais, était une personne immorale et extrêmement névrosée. D'une certaine manière, il avait une grande confiance en moi. Je ne sais pas pourquoi, mais peut-être était-ce parce que je lui obéissais toujours. Il ignorait la Sharî'at (les commandements de l'Islam) dans ses manières secrètes. Pourtant, lorsqu'il était avec ses amis, il faisait preuve d'obéissance aux commandements de la Sharî'at. Il assistait aux prières du vendredi, mais je ne suis pas sûr

---

[2] Lorsque Ebû Ubayda bin Jerrâh, qui fut nommé à la place de Khâlid bin Walîd, continua les conquêtes, on se rendit compte que la raison de ces conquêtes était l'aide d'Allâhu ta'âlâ, et non Khâlid lui-même.

des autres prières (quotidiennes).

Je prenais mon petit-déjeuner dans le magasin. Après le travail, j'allais à la mosquée pour la prière du début d'après-midi et j'y restais jusqu'à la prière de fin d'après-midi. Après la prière de fin d'après-midi, je me rendais chez Ahmed Efendi, où il m'enseignait des leçons telles que (la lecture) du Qur'ân al-kerîm, l'arabe et le turc pendant deux heures. Chaque vendredi, je lui donnais mon salaire hebdomadaire car il m'enseignait très bien. En effet, il m'a appris à très bien lire le Qur'ân al-kerîm, les exigences de la religion islamique et les subtilités des langues arabe et turque.

Quand "Ahmed Efendi" a su que j'étais célibataire, il a voulu me marier à l'une de ses filles. J'ai refusé son offre. Mais il a insisté, disant que le mariage est une sunnat du Prophète et que le Prophète avait déclaré :

"Une personne qui se détourne de ma sunnat n'est pas de moi."

Appréhendant que cet événement puisse mettre un terme à nos relations personnelles, j'ai dû lui mentir en disant que je n'avais pas de pouvoir sexuel. Ainsi, j'ai assuré la continuité de notre connaissance et de notre amitié.

Quand mon séjour de deux ans à Istanbul s'est terminé, j'ai dit à "Ahmed Efendi" que je voulais rentrer chez moi. Il m'a dit : "Non, ne pars pas. Pourquoi tu y vas ? Tu peux trouver tout ce que tu cherches à Istanbul. Allâhu ta'âlâ a placé la religion et le monde en même temps dans cette ville. Vous dites que vos parents sont morts et que vous n'avez ni frères ni sœurs. Pourquoi vous ne vous installez pas à Istanbul ?..." "Ahmed Efendi" avait formé une dépendance compulsive à ma compagnie. Pour cette raison, il ne voulait pas se séparer de moi et insistait pour que je m'installe à Istanbul. Mais mon sens patriotique du devoir m'obligeait à retourner à Londres, à remettre un rapport détaillé concernant le centre du califat, et à prendre de nouveaux ordres.

Tout au long de mon séjour à Istanbul, j'ai envoyé chaque mois des rapports de mes observations au ministère du Commonwealth. Je me souviens avoir demandé dans l'un de mes rapports ce que je devais faire si la personne pour laquelle je travaillais me demandait de pratiquer la sodomie avec elle. La réponse a été la suivante : Vous pouvez le faire si cela peut vous aider à atteindre votre objectif. J'ai été très indigné par cette réponse. J'avais l'impression que le monde entier s'était écroulé sur ma tête. Je savais déjà que cet acte vicieux était très courant en Angleterre. Pourtant, il ne m'était jamais venu à l'esprit que mes supérieurs m'ordonneraient de le commettre. Que pouvais-je faire ? Je n'avais pas d'autre moyen que de vider le médicament jusqu'à la lie. Je me suis donc tu et j'ai continué à faire mon devoir.

Alors que je faisais mes adieux à "Ahmed Efendi", ses yeux devinrent humides et il me dit : "Mon fils ! Qu'Allâhu ta'âlâ soit avec toi ! Si tu reviens à Istanbul et que tu vois que je suis mort, souviens-toi de moi. Dis la (sûra) Fâtiha pour mon âme ! Nous nous rencontrerons le jour du jugement dernier devant 'Rasûlullah'." En effet, je me sentais aussi très triste, à tel point que je versais des larmes chaudes. Cependant, mon sens du devoir était naturellement plus fort.

CHAPITRE III

Mes amis étaient rentrés à Londres avant moi, et ils avaient déjà reçu de nouvelles directives du ministère. Moi aussi, j'ai reçu de nouvelles directives à mon retour. Malheureusement, nous n'étions que six à être de retour.

L'une des quatre autres personnes, dit le secrétaire, était devenue musulmane et était restée en Égypte. Mais le secrétaire était quand même content parce que, disait-il, il (la personne qui était restée en Égypte) n'avait pas trahi de secrets. La deuxième personne était partie en Russie et y était restée. Il était d'origine russe. Le secrétaire était très désolé pour lui, non pas parce qu'il était retourné dans son pays, mais parce qu'il avait peut-être espionné le ministère du Commonwealth pour la Russie et était rentré chez lui parce que sa mission était terminée. La troisième personne, comme le secrétaire l'a raconté, était morte de la peste dans une ville nommée "Imara" dans les environs de Baghdâd. La quatrième personne avait été recherchée par le ministère jusqu'à la ville de San'â au Yémen, et ils avaient reçu ses rapports pendant un an, et, par la suite ses rapports avaient pris fin et aucune trace de lui n'avait été trouvée malgré toutes sortes d'efforts. Le ministère a qualifié la disparition de ces quatre hommes de catastrophe. Car nous sommes une nation avec de grands devoirs par rapport à une petite population. Nous faisons donc des calculs très fins sur chaque homme.

Après quelques-uns de mes rapports, le secrétaire a tenu une réunion pour examiner les rapports donnés par nous quatre. Lorsque mes amis ont présenté leurs rapports relatifs à leurs tâches, j'ai également présenté mon rapport. Ils ont pris quelques notes de mon rapport. Le ministre, le secrétaire et certains des participants à la réunion ont loué mon travail. Néanmoins, j'étais le troisième meilleur. La première note a été gagnée par mon ami "George Belcoude", et "Henry Fanse" était le deuxième meilleur.

J'avais sans doute beaucoup de succès dans l'apprentissage du turc, de l'arabe, du Coran et de la Sharî'at. Pourtant, je n'avais pas réussi à préparer pour le ministère un rapport révélant les points faibles de l'Empire ottoman. Après la réunion de deux heures, le secrétaire m'a demandé la raison de mon échec. J'ai répondu : "Mon devoir essentiel était d'apprendre les langues, le Qur'ân et la Sharî'at. Je n'avais pas le temps de faire quoi que ce soit d'autre. Mais je vais vous satisfaire cette fois-ci si vous me faites confiance." Le secrétaire a dit que j'avais certainement réussi mais qu'il aurait souhaité que je gagne le premier grade. (Et il continua) :

"O Hempher, votre prochaine mission comprend ces deux tâches :

1- Découvrir les points faibles des musulmans et les points par lesquels nous pouvons entrer dans leur corps et disjoindre leurs membres. En effet, c'est ainsi que l'on peut battre l'ennemi.

2- Dès que tu auras détecté ces points et fait ce que je t'ai dit de faire, [en d'autres termes, lorsque tu auras réussi à semer la discorde parmi les musulmans et à les opposer les uns aux autres], tu seras l'agent le plus performant et tu recevras une médaille du ministère."

Je suis resté à Londres pendant six mois. J'ai épousé ma cousine paternelle germaine, "Maria Shvay". À cette époque, j'avais 22 ans, et elle 23. "Maria Shvay" était une très jolie fille, d'une intelligence moyenne et d'un milieu culturel ordinaire. Les jours les plus heureux et les plus gais de ma vie étaient ceux que je passais avec elle. Ma femme était enceinte. Nous attendions notre nouvelle invitée, lorsque j'ai reçu le message contenant l'ordre de partir pour l'Irak.

Recevoir cet ordre à un moment où j'attendais la naissance de mon fils m'a rendu triste. Cependant, l'importance que j'attachais à mon pays, conjuguée à mon ambition d'atteindre la gloire en étant choisi le meilleur parmi mes collègues, était au-dessus de mes émotions d'époux et de père. J'ai donc accepté la tâche sans hésiter. Ma femme voulait que je reporte la mission après la naissance de l'enfant. Mais j'ai ignoré ce qu'elle disait. Nous pleurions tous les deux en nous disant adieu l'un à l'autre. Ma femme m'a dit : "Ne cesse pas de m'écrire ! Je t'écrirai des lettres sur notre nouvelle maison, qui est aussi précieuse que l'or." Ces mots ont déclenché des tempêtes dans mon cœur. J'ai failli annuler le voyage. Pourtant, j'ai réussi à contrôler mes émotions. En lui faisant mes adieux, je suis parti au ministère pour recevoir les dernières instructions.

Six mois plus tard, je me suis retrouvé dans la ville de

Bassora, en Irak. Les habitants de la ville étaient en partie sunnites et en partie chiites. Bassora était une ville de tribus avec une population mixte d'Arabes, de Perses et d'un nombre relativement faible de chrétiens. C'était la première fois de ma vie que je rencontrais les Perses. À propos, permettez-moi d'aborder le point 17 — le chiisme et le sunnisme.

Les chiites disent qu'ils suivent 'Alî bin Abû Tâlib, qui était le mari de la fille de Muhammad 'alaihis-salâm', Fâtima, et en même temps le premier cousin paternel de Muhammad 'alaihis-salâm'. Ils disent que Muhammad 'alaihis-salâm' a désigné 'Alî et les douze imâms, les descendants de 'Alî pour lui succéder en tant que Khalîfa.

À mon avis, les chiites ont raison en ce qui concerne le califat de 'Alî, Hasan et Huseyn. En effet, d'après ce que je comprends de l'histoire de l'Islam, 'Alî était une personne possédant les qualifications distinguées et élevées requises pour le califat. Je ne trouve pas non plus étrange que Muhammad 'alaihis-salâm' ait nommé Hasan et Huseyn comme Khalifas. Ce qui me rend suspect, cependant, c'est que Muhammad 'alaihis-salâm' ait nommé le fils de Huseyn et huit de ses petits-fils comme Khalîfas. Car Huseyn était un enfant à la mort de Muhammad 'alaihis-salâm'. Comment pouvait-il savoir qu'il aurait huit petits-fils ? Si Muhammad 'alaihis-salâm' était réellement un Prophète, il était possible qu'il connaisse l'avenir en étant informé par Allâhu ta'âlâ, comme Jésus-Christ avait deviné l'avenir. Pourtant, la prophétie de Muhammad 'alaihis-salâm' est un sujet de doute pour nous, chrétiens.

Les musulmans disent que "les preuves de la

prophétie de Muhammad 'alaihis-salâm' sont nombreuses. L'une d'entre elles est le Qur'ân (Coran)." J'ai lu le Qur'ân. En effet, c'est un livre très élevé. Il est même plus élevé que la Torah et la Bible. Car il contient des principes, des règlements, des règles morales, etc.

Je me demande comment un analphabète comme Muhammad 'alaihis-salâm' a pu apporter un livre aussi noble, et comment il a pu avoir toutes ces qualifications morales, intellectuelles et personnelles qui ne peuvent être possédées même par un homme qui a beaucoup lu et voyagé. Je me demande si ces faits ont été les preuves de la prophétie de Muhammad 'alaihis-salâm' ?

J'ai toujours fait des observations et des recherches afin de découvrir la vérité sur la prophétie de Muhammad 'alaihis-salâm'. Une fois, j'ai fait part de mon intérêt à un prêtre de Londres. Sa réponse était fanatique et obstinée, et n'était pas du tout convaincante. J'ai posé plusieurs fois la question à Ahmed Efendi lorsque j'étais en Turquie, mais je n'ai pas non plus reçu de réponse satisfaisante de sa part. À vrai dire, j'ai évité de poser à Ahmed Efendi des questions directement liées à l'affaire, de peur qu'il ne se doute de mon espionnage.

Je pense beaucoup à Muhammad 'alaihis-salâm'. Il ne fait aucun doute qu'il est l'un des prophètes d'Allah sur lesquels nous avons lu des livres.

Pourtant, étant chrétien, je n'ai pas encore cru à son prophétisme. Il est certain qu'il était très supérieur aux génies.

Les sunnites, en revanche, disent : "Après la

disparition du Prophète, les musulmans ont considéré Abû Bekr et 'Umar et 'Uthmân et 'Alî comme aptes au califat."

Des controverses de ce genre existent dans toutes les religions, et plus particulièrement dans le christianisme. Puisque 'Umar et 'Alî sont tous deux morts aujourd'hui, entretenir ces controverses ne servirait à rien. Pour moi, si les musulmans sont raisonnables, ils devraient penser à aujourd'hui, et non à ces jours très anciens.[3]

Un jour, au ministère du Commonwealth, j'ai fait une allusion à la différence entre les sunnites et les chiites, en disant : "Si les musulmans savaient quelque chose de la vie, ils résoudraient cette différence entre chiites et sunnites entre eux et se rassembleraient." Quelqu'un m'a interrompu et m'a fait des remontrances : "Votre devoir

---

[3] Dans le shi'îsme, il est essentiel de parler et d'avoir une certaine croyance sur les questions concernant le califat. Selon la croyance sunnite, ces éléments ne sont pas nécessaires. Le jeune Anglais confond les informations religieuses avec les informations relatives aux affaires mondaines. En ce qui concerne les connaissances mondaines, les musulmans ont, comme il le conseille, toujours pensé à la nouveauté et à l'amélioration, et ont toujours fait des progrès en matière de science, de technique, de mathématiques, d'architecture et de médecine. Lorsque le célèbre astronome italien Galilée a déclaré que la terre tournait — sans doute l'avait-il appris des musulmans — il a non seulement été anathémisé par les prêtres, mais aussi emprisonné. Ce n'est que lorsqu'il a fait pénitence, en renonçant à son ancienne déclaration et en disant que "Non, elle ne tourne pas", qu'il s'est sauvé des mains des prêtres. Les musulmans suivent le Qur'ân al-kerîm et les hadîth-i-sherîfs dans les connaissances relatives à l'islam et à l'îmân. Contrairement aux chrétiens, ils n'interpolent pas ces connaissances, qui sont au-delà de la périphérie d'activité de l'esprit.

est de provoquer cette différence, et non de penser à la manière de rassembler les musulmans."

Avant que je ne parte pour mon voyage en Irak, le secrétaire m'a dit :

"O Hempher, tu dois savoir qu'il existe des différences naturelles entre les êtres humains depuis que Dieu a créé Abel et Caïn. Ces controverses se poursuivront jusqu'au retour de Jésus-Christ. Il en va de même pour les controverses raciales, tribales, territoriales, nationales et religieuses.

"Votre devoir, cette fois, est de bien diagnostiquer ces controverses et d'en rendre compte au ministère. Plus vous réussirez à aggraver les divergences entre les musulmans, plus vous rendrez service à l'Angleterre."

"Nous, le peuple anglais, devons semer la discorde et susciter le schisme dans toutes nos colonies afin de pouvoir vivre dans le bien-être et le luxe. Ce n'est qu'au moyen de telles instigations que nous serons en mesure de démolir l'Empire ottoman. Sinon, comment une nation avec une petite population pourrait-elle mettre sous son emprise une autre nation avec une plus grande population ? Cherchez de toutes vos forces la bouche du gouffre, et entrez-y dès que vous la trouvez. Vous devez savoir que les empires ottoman et iranien ont atteint le nadir de leur existence.

Par conséquent, votre premier devoir est d'inciter le peuple à s'opposer à l'administration ! L'histoire a montré que "la source de toutes sortes de révolutions est la rébellion publique". Lorsque l'unité des musulmans est brisée et que la sympathie commune entre eux est altérée, leurs forces seront dissoutes et ainsi nous pourrons facilement les détruire."

CHAPITRE IV

Lorsque je suis arrivé à Basra, je me suis installé dans une mosquée. L'imâm de la mosquée était un sunnite d'origine arabe nommé Shaikh 'Umar Tâî. Lorsque je l'ai rencontré, j'ai commencé à discuter avec lui. Pourtant, il m'a soupçonné dès le début et m'a soumis à une pluie de questions. J'ai réussi à survivre à cette dangereuse discussion comme suit : "Je suis originaire de la région d'Iğdır en Turquie. J'étais un disciple d'Ahmed Efendi d'Istanbul. J'ai travaillé pour un charpentier nommé Khâlid (Hâlid)." Je lui ai donné quelques informations sur la Turquie, que j'avais acquises lors de mon séjour dans ce pays. J'ai également prononcé quelques phrases en turc. L'imâm a fait un signe du regard à l'une des personnes présentes et lui a demandé si je parlais correctement le turc. La réponse a été positive. Ayant convaincu l'imâm, j'étais très heureux. Pourtant, je me suis trompé. Car quelques jours plus tard, j'ai vu à ma grande déception que l'imâm me soupçonnait d'être un espion turc. Par la suite, j'ai appris qu'il y avait un certain désaccord et une certaine hostilité entre lui et le gouverneur nommé par le Sultan (ottoman).

Ayant été contraint de quitter la mosquée de Shaikh 'Umar Efendi, j'ai loué une chambre dans une auberge pour voyageurs et étrangers et je m'y suis installé. Le propriétaire de l'auberge était un idiot nommé Murshid

Efendi. Chaque matin, il me dérangeait en frappant fort à ma porte pour me réveiller dès l'appel de l'adhân pour la prière du matin. Je devais lui obéir. Je me levais donc et accomplissais la prière du matin. Puis il me disait : "Tu liras le Qur'ân-al kerîm après la prière du matin." Lorsque je lui disais que ce n'était pas une obligation (acte commandé par l'islam) de lire le Qur'ân al kerîm et que je lui demandais pourquoi il insistait tant, il me répondait : "Dormir à cette heure de la journée apportera pauvreté et malheur à l'auberge et à ses pensionnaires." Je devais exécuter cet ordre de sa part. Car il disait qu'autrement il me renverrait de l'auberge. Par conséquent, dès que l'adhân était appelé, j'accomplissais la prière du matin, puis je lisais le Qur'ân al-kerîm pendant une heure.

Un jour, Murshid Efendi est venu me voir et m'a dit : "Depuis que vous avez loué cette chambre, des malheurs me sont arrivés. J'en attribue la cause à votre caractère inquiétant. Car vous êtes célibataire. Être célibataire (non marié) est de mauvais augure. Vous devez vous marier ou quitter l'auberge." Je lui ai répondu que je n'avais pas assez de biens pour me marier. Je ne pouvais pas lui dire ce que j'avais dit à Ahmed Efendi. Car Murshid Efendi était le genre de personne qui me déshabillait et examinait mes parties génitales pour voir si je disais la vérité.

Quand je l'ai dit, Murshid Efendi m'a réprimandé en disant : "Quelle faible croyance tu as ! N'avez-vous pas lu l'âyat d'Allah prétendant : " S'ils sont pauvres, Allâhu ta'âlâ les rendra riches par Sa bonté " ?[4]"J'étais stupéfait. Finalement, j'ai dit : "D'accord, je vais me marier. Mais êtes-vous prêt à fournir l'argent nécessaire ? Ou bien peux-tu trouver une fille qui me coûtera peu ? ".

Après avoir réfléchi un moment, Murshid Efendi dit : "Je m'en fiche ! Soit tu te maries avant le début du mois de Rajab, soit tu quittes l'auberge." Il ne restait que vingt-cinq jours avant le début du mois de Rajab.

Au passage, permettez-moi de mentionner les mois arabes : Muharram, Safar, Rabi'ul-awwal, Rabi'ul-âkhir, Jemâziy-ul-awwal, Jemâziy-ul-âkhir, Rajab, Sha'bân, Ramadân, Shawwâl, Zilqa'da, Zilhijja. Leurs mois ne sont ni supérieurs à trente jours, ni inférieurs à vingt-neuf. Ils sont basés sur le calcul lunaire.

En acceptant un emploi d'assistant chez un charpentier, j'ai quitté l'auberge de Murshid Efendi. Nous nous sommes mis d'accord sur un salaire très bas, mais mon logement et ma nourriture devaient être aux frais de l'employeur. J'ai déménagé mes affaires chez le charpentier bien avant le mois de Rajab. Le charpentier était une personne virile. Il me traitait comme si j'étais son fils. C'était un chiite de Khorasan, en Iran, et son nom était Abd-ur-Ridâ. Profitant de sa compagnie, j'ai commencé à apprendre le persan. Tous les après-midi, les chiites iraniens se réunissaient chez lui et discutaient de divers sujets, de la politique à l'économie. Le plus souvent, ils disaient du mal de leur propre gouvernement et aussi de la Khalifa d'Istanbul. Dès qu'un étranger

---

[4] Nûr sûra, âyat : 32

entrait, ils changeaient de sujet et commençaient à parler de choses personnelles.

Ils avaient une grande confiance en moi. Cependant, comme je l'ai découvert plus tard, ils pensaient que j'étais un Azerbaïdjanais parce que je parlais turc.

De temps en temps, un jeune homme se présentait à notre atelier de menuiserie. Il était habillé comme un étudiant faisant des recherches scientifiques, et il comprenait l'arabe, le persan et le turc. Il s'appelait Muhammad bin Abd-ul-Wahhâb Najdî. Ce jeune homme était une personne extrêmement grossière et très nerveuse. Tout en malmenant beaucoup le gouvernement ottoman, il ne disait jamais de mal du gouvernement iranien. Le point commun qui le rendait si amical avec le commerçant Abd-ur-Ridâ était que tous deux étaient inimitables envers le Khalifa d'Istanbul. Mais comment était-il possible que ce jeune homme, qui était un sunnite, comprenne le persan et soit ami avec Abd-ur-Ridâ, qui était un chiite ? Dans cette ville, les sunnites prétendaient être amicaux et même fraternels avec les chiites. La plupart des habitants de la ville comprenaient à la fois l'arabe et le persan. Et la plupart des gens comprenaient aussi le turc.

Muhammad de Najd était un sunnite en apparence. Bien que la plupart des sunnites censurent les chiites, — en fait, ils disent que les chiites sont des mécréants — cet homme n'aurait jamais injurié les chiites. Selon Muhammad de Najd, il n'y avait aucune raison pour les sunnites de s'adapter à l'un des quatre madh-habs ; il disait : "Le Livre d'Allah ne contient aucune preuve relative à ces madh-habs." Il ignorait volontairement les âyet-i-kerîmas à ce sujet et méprisait les hadîth-i-sherîfs.

Concernant la question des quatre madh-habs : Un siècle après la mort de leur prophète Muhammad 'alaihis-salâm', quatre savants se sont présentés parmi les musulmans sunnites : Abû Hanîfa, Ahmad bin Hanbal, Mâlik bin Anas, et Muhammad bin Idris Shâfi'î. Certains Khalifas ont forcé les Sunnites à imiter l'un de ces quatre savants. Ils disaient que personne d'autre que ces quatre savants ne pouvait accomplir l'ijtihâd dans le Qur'ân al-kerîm ou avec la Sunna. Ce mouvement a fermé les portes de la connaissance et de la compréhension pour les musulmans. Cette interdiction de l'ijtihâd est considérée comme la raison de l'immobilisme de l'Islam.

Les chiites ont exploité ces déclarations erronées pour promulguer leur secte. Le nombre de chiites était inférieur à un dixième de celui des sunnites. Mais maintenant, ils ont augmenté et sont devenus égaux aux sunnites en nombre. Ce résultat est naturel. Car l'ijtihâd est comme une arme. Elle permet d'améliorer le fiqh de l'Islam et de rénover la compréhension du Qur'ân al-kerîm et de la Sunna. L'interdiction de l'ijtihâd, par contre, est comme une arme pourrie. Elle va confiner les madh-habs dans un certain cadre. Et ceci, à son tour, signifie fermer les portes de l'inférence et ne pas tenir compte des exigences du temps. Si votre arme est pourrie et que votre ennemi est parfait, vous êtes condamné à être battu par votre ennemi tôt ou tard. Je pense que les intelligents parmi les Sunnites rouvriront la porte de l'ijtihâd dans le futur. S'ils ne le font pas, ils deviendront la minorité, et les chiites recevront la majorité dans quelques siècles.

[Cependant, les imâms (chefs) des quatre madh-habs ont le même credo, la même croyance. Il n'y a aucune différence entre eux. Leur différence ne réside que dans les adorations. Et ceci, à son tour, est une facilité pour les musulmans. Les chiites, par contre, se sont divisés en douze sectes, devenant ainsi une arme pourrie. Vous trouverez des informations détaillées à ce sujet dans le livre Milal wa Nihal].

Le jeune arrogant, Muhammad de Najd, suivait son nafs (ses désirs sensuels) dans la compréhension du Qur'ân et de la Sunna. Il ignorait complètement les opinions des savants, non seulement celles des savants de son époque et des chefs des quatre madh-habs, mais aussi celles des Sahâbîs notables comme Abû Bakr et 'Umar. Chaque fois qu'il rencontrait un verset coranique (Qur'ân) qui lui semblait contradictoire avec les opinions de ces gens, il disait : "Le Prophète a dit : "Je vous ai laissé le Qur'ân et la Sunna". Il n'a pas dit : "J'ai laissé pour vous le Coran, la Sunna, les Sahâba et les imâms des madh-habs".[5] Par conséquent, la chose qui est obligatoire est de suivre le Qur'ân et la Sunna, peu importe s'ils semblent être contraires aux opinions des madh-habs ou aux déclarations des Sahâba et des savants."[6]

---

[5] Cette déclaration de sa part nie le hadith-i-sherîf qui nous ordonne de suivre les Sahâba.

[6] Aujourd'hui, dans tous les pays islamiques, des ignorants et des traîtres déguisés en religieux attaquent les savants d'Ahl as-sunna. Ils ont fait l'éloge du wahhabisme en échange de grandes sommes d'argent qu'ils reçoivent de l'Arabie Saoudite. Tous utilisent les déclarations susmentionnées de Muhammad de Najd comme une arme en toute occasion. Le fait est qu'aucune des déclarations faites par les savants d'Ahl as-sunna ou des quatre imâms n'est contraire au

Lors d'un dîner chez Abd-ur-Ridâ, la dispute suivante eut lieu entre Muhammad de Najd et un invité de Kum, un savant chiite nommé Shaikh Jawad :

Shaikh Jawad — Puisque vous acceptez que 'Alî était un mujtahid, pourquoi ne le suivez-vous pas comme les chiites ?

Muhammad de Najd — 'Alî n'est pas différent de 'Umar ou autre de manière à satisfaire les exigences de l'époque. Sahâbîs. Ses déclarations ne peuvent avoir une capacité documentaire. Seuls le Qur'ân et la Sunna sont des documents authentiques. [Le fait est que les déclarations faites par n'importe lequel des As-hâb-i kirâm ont une capacité documentaire. Notre Prophète nous a ordonné de suivre n'importe lequel d'entre eux.[7]

Shaikh Jawâd — Puisque notre Prophète a dit, "Je suis la ville de la connaissance, et 'Alî est sa porte," ne devrait-il pas y avoir une différence entre 'Alî et les autres Sahâba ?

Muhammad de Najd — Si les déclarations de 'Alî avaient une valeur documentaire, le Prophète n'aurait-il pas dit : "Je vous ai laissé le Qur'ân, la Sunna et 'Alî" ?

Qur'ân al— kerîm et aux hadîth-i-sherîfs. Ils n'ont pas fait d'ajouts à ces sources, mais ils les ont expliquées. Les wahhabites, comme leurs prototypes britanniques, fabriquent des mensonges et trompent les musulmans.

[7] Un musulman qui a vu le visage magnifique et béni de Muhammad 'alaihis-salâm' est appelé Sahâbî. Le pluriel de Sahâbî est Sahâba, ou As-hâb.

Shaikh Jawâd — Oui, nous pouvons supposer qu'il (le Prophète) l'a dit. Car il a déclaré dans un hadîth-i-sherîf, "Je laisse (derrière moi) le Livre d'Allah et mes Ahl-i-Bayt." Et 'Alî, à son tour, est le plus grand membre des Ahl-i-Bayt.

Muhammad de Najd a nié que le Prophète ait dit cela.

Shaikh Jawâd confondit Muhammad de Najd avec des preuves convaincantes.

Cependant, Muhammad de Najd s'y opposa et dit : " Vous affirmez que le Prophète a dit : "Je vous laisse le Livre d'Allah et mes Ahl-i-Bayt". Alors, qu'est-il advenu de la Sunna du Prophète ?"

Shaikh Jawâd — La Sunna du Messager d'Allah est l'explication du Qur'ân. Le Messager d'Allah a dit : " Je vous laisse le Livre d'Allah et mes Ahl-i-Bayt." L'expression "le Livre d'Allah" inclut la " Sunna ", qui est une explication du premier.

Muhammad de Najd — Dans la mesure où les déclarations des Ahl-i-Bayt sont les explications du Qur'ân, pourquoi serait-il nécessaire de l'expliquer par des hadîths ?

Shaikh Jawâd - Lorsque hadrat Prophète est décédé, ses Ummat (musulmans) ont considéré qu'il devait y avoir une explication du Qur'ân qui répondrait aux exigences de l'époque. C'est pour cette raison que hadrat Prophet a ordonné à ses Ummat de suivre le Qur'ân, qui est l'original, et ses Ahl-i-Bayt, qui devaient expliquer le Qur'ân.

J'ai beaucoup aimé cette dispute. Muhammad de Najd était immobile devant Shaikh Jawâd, comme un moineau domestique dans les mains d'un chasseur.

Muhammad de Najd était celui que je recherchais. Son mépris pour les érudits de l'époque, son mépris pour les quatre Khalifas (les premiers), son indépendance d'esprit dans la compréhension du Coran et de la Sunna étaient les points les plus vulnérables pour le chasser et l'obtenir. Ce jeune vaniteux était si différent de cet Ahmed Efendi qui m'avait enseigné à Istanbul ! Ce savant, comme ses prédécesseurs, faisait penser à une montagne. Aucune puissance n'aurait pu le déplacer. Dès qu'il évoquait le nom d'Abû Hanîfa, il se levait, allait faire ses ablutions. Chaque fois qu'il avait l'intention de tenir le livre de Hadîth nommé Bukhârî, il faisait, là encore, une ablution. Les Sunnîs ont une grande confiance en ce livre.

Muhammed de Najd, quant à lui, méprisait beaucoup Abû Hanîfa. Il disait : "Je sais mieux qu'Abû Hanîfa".[8] De plus, selon lui, la moitié du livre de Bukhârî était erronée.[9]

[Alors que je traduisais ces confessions de Hempher en turc,[10] je me suis souvenu de l'événement suivant :

---

[8] Certains ignorants sans un certain madh-hab aujourd'hui, le disent aussi.

[9] Cette allégation de cette personne montre qu'elle était tout à fait ignorante de la connaissance du Hadîth.

[10] Les confessions de Hempher ont été traduites en turc et, avec les explications de l'auteur, ont formé un livre. Cette version est la

J'étais professeur dans un lycée. Au cours d'un cours, un de mes élèves m'a demandé : "Monsieur, si un musulman est tué à la guerre, deviendra-t-il un martyr ?". "Oui, il le sera", ai-je répondu. "Le Prophète l'a-t-il dit ?" "Oui, il l'a dit." "Deviendra-t-il un martyr s'il est noyé dans la mer, aussi ?" "Oui", ai-je répondu. "Et dans ce cas, il atteindra plus de thawab." Puis il a demandé : "Deviendra-t-il un martyr s'il tombe d'un avion ?" "Oui, il le sera", ai-je répondu. "Notre Prophète a-t-il aussi déclaré cela ?" "Oui, il l'a fait." Sur ce, il sourit d'un air triomphant et dit : "Monsieur, y avait-il des avions à cette époque ?".

Je lui ai répondu comme suit :

"Mon fils ! Notre Prophète a quatre-vingt-dix-neuf noms. Chacun de ses noms représente un bel attribut dont il était doté. L'un de ses noms est Jâmi'ul-kalim. Il énonçait de nombreux faits en un seul mot. Par exemple, il disait : "Celui qui tombe d'une hauteur deviendra un martyr"."

L'enfant a admis cette réponse de ma part avec admiration et gratitude. De même, le Qur'ân al-kerîm et les hadîth-i-sherîfs contiennent de nombreux mots, règles, commandements et interdictions qui dénotent chacun divers autres sens. Le travail scientifique effectué pour explorer ces significations et appliquer les bonnes aux bons cas, est appelé Ijtihâd. La réalisation de l'ijtihâd requiert une connaissance approfondie. Pour cette raison, les Sunnîs ont interdit aux personnes ignorantes de tenter

---

traduction en anglais de ce livre turc.

l'ijtihâd. Cela ne veut pas dire qu'il faut interdire l'ijtihâd. Après le quatrième siècle de l'ère hégirienne, aucun savant n'a été éduqué au point d'atteindre le grade de mujtahid absolu [savant profondément érudit (assez pour accomplir l'ijtihâd)] ; par conséquent, personne n'a accompli l'ijtihad, ce qui a naturellement signifié la fermeture des portes de l'ijtihâd. Vers la fin du monde, Îsâ (Jésus) 'alaihis-salâm' descendra du ciel et Mahdî (le héros islamique attendu) apparaîtra ; ces gens feront l'ijtihâd.

Notre Prophète 'sall-Allâhu alaihi wa sallam' a déclaré :

"Après moi, les musulmans se diviseront en soixante-treize groupes. Un seul de ces groupes entrera au Paradis."

Lorsqu'on lui demanda qui devait faire partie de ce groupe, il répondit :

"Ceux qui s'adaptent à moi et à mon As-hâb."

Dans un autre hadîth-i-sherîf, il a déclaré :

"Mes Ashâb sont comme des étoiles célestes. Vous atteindrez hidâyat si vous suivez n'importe lequel d'entre eux !".

En d'autres termes, il a dit : "Vous atteindrez le chemin qui mène au Paradis". Un juif du Yémen, du nom d'Abdullah bin Saba', suscita l'hostilité contre les As-hâb parmi les musulmans. Ces ignorants qui croyaient ce juif et portaient inimitié à l'As-hâb furent appelés Shi'î (chiites). Et les gens qui obéissaient aux hadîths-sherîfs, aimaient et suivaient l'As-hâb-i-kirâm étaient appelés Sunnî (Sunnite)].

J'ai établi une amitié très intime avec Muhammad bin Abd-ul-Wahhâb de Najd. J'ai lancé une campagne de louanges à son égard partout. Un jour, je lui ai dit :

"Tu es plus grand que 'Umar et 'Alî. Si le Prophète était encore en vie, il te nommerait Khalifa à leur place. Je m'attends à ce que l'Islam soit rénové et amélioré entre tes mains. Tu es le seul savant qui répandra l'Islam dans le monde entier."

Muhammad le fils de Abd-ul-Wahhâb et moi avons décidé de faire une nouvelle interprétation du Qur'ân ; cette nouvelle interprétation ne devait refléter que nos points de vue et serait entièrement contraire aux explications faites par les Sahâba, par les imâms de madh-habs et par les mufassirs (savants profondément érudits spécialisés dans l'explication du Qur'ân). Nous lisions le Qur'ân et parlions de certains âyats. Mon but en faisant cela était d'induire Muhammad en erreur. Après tout, il essayait de se présenter comme un révolutionnaire et accepterait donc volontiers mes opinions et mes idées afin que je lui fasse d'autant plus confiance.

Une fois, je lui ai dit : "Le jihâd (combat, lutte pour l'islam) n'est pas fard/obligatoire."

Il a protesté : "Pourquoi ne serait-ce pas en dépit du commandement d'Allah : "Faites la guerre aux infidèles." ?"[11]

J'ai dit : "Alors pourquoi le Prophète n'a pas fait la guerre contre les munâfiqs malgré le commandement d'Allah : "Faites le Jihâd contre les mécréants et les munâfiqs." ?"[12] [D'autre part, il est écrit dans Mawâhibu ladunniyya que vingt-sept Jihâds ont été effectués contre les mécréants. Leurs épées sont exposées dans les musées d'Istanbul. Les Munâfiqs se faisaient passer pour des musulmans. Ils accomplissaient le namâz avec le Messager d'Allah dans le Masjîd-i-Nabawî pendant les jours. Rasûlullah 'sall-Allâhu alaihi wasallam' les connaissait. Pourtant, il n'a dit à aucun d'entre eux : " Tu es un munâfiq ". S'il avait fait la guerre contre eux et les avait tués, les gens auraient dit : "Muhammad 'alaihis-salâm' a tué des gens qui croyaient en lui." C'est pourquoi il a fait un Jihâd verbal contre eux. Car le Jihâd, qui est fard/obligatoire, est accompli avec son corps et/ou avec ses biens et/ou avec sa parole. L'âyat-i-kerîma cité ci-dessus ordonne d'accomplir le Jihâd contre les incroyants. Elle ne définit pas le type de Jihâd à accomplir. En effet, le Jihâd contre les mécréants doit être accompli par le combat, et le Jihâd contre les munâfiqs doit être accompli par la prédication et les conseils. Cette âyat-i-kerîma couvre ces types de Jihâd].

Il a dit : "Le Prophète a fait le Jihâd contre eux avec son discours."

J'ai dit : "Est-ce que le Jihâd qui est obligatoire

---

[11] Tawba sûra, âyat : 73

[12] Tawba sûra, âyat : 73

(commandé), est celui qui doit être fait avec la parole ?".

Il a dit : "Rasûlullah a fait la guerre aux infidèles."

J'ai dit : "Le Prophète a fait la guerre aux mécréants pour se défendre. Car les mécréants avaient l'intention de le tuer."

Il a hoché la tête.

Une autre fois, je lui ai dit : "Le nikâh mut'a[13] est permis."

Il a objecté : "Non, ce n'est pas le cas."

J'ai dit : " Allah déclare : " En contrepartie de l'usage que vous en faites, donnez-leur le mehr que vous avez décidé ".[14]

Il a dit : " 'Umar a interdit deux exemples de pratiques mut'a existant à son époque et a dit qu'il punirait toute personne qui les pratiquait. "

J'ai dit : " Vous dites tous deux que vous êtes supérieurs à 'Umar et que vous le suivez. De plus, 'Umar a dit qu'il l'a interdit alors qu'il savait que le Prophète

---

[13] Nikâh signifie un contrat de mariage tel que prescrit par l'Islam. Mut'a nikâh signifie un contrat passé entre un homme et une femme pour cohabiter pendant une certaine période. L'Islam interdit ce type de mariage.

[14] Nisâ sûra, âyat : 24.

l'avait autorisé.[15] Pourquoi laissez-vous de côté la parole du Prophète et obéissez-vous à celle de 'Umar ?"

Il n'a pas répondu. Je savais qu'il était convaincu.

Je sentais que Muhammad de Najd désirait une femme à ce moment-là ; il était célibataire. Je lui ai dit : " Viens, prenons chacun une femme par mut'a nikâh. Nous passerons un bon moment avec elles. Il accepta d'un signe de tête. C'était une grande opportunité pour moi, j'ai donc promis de lui trouver une femme pour qu'il s'amuse. Mon but était d'apaiser la timidité qu'il avait vis-à-vis des gens. Mais il posa comme condition que l'affaire reste secrète entre nous et que la femme ne sache même pas comment il s'appelle. Je me suis empressé d'aller voir les femmes chrétiennes qui avaient été envoyées par le ministère du Commonwealth avec pour mission de séduire les jeunes musulmans. J'ai expliqué la situation à l'une d'entre elles. Elle accepta de m'aider, et je lui donnai le surnom de Safîyya. J'ai emmené Muhammad de Najd chez elle. Safîyya était à la maison, seule. Nous avons fait un contrat de mariage d'une semaine pour Muhammad de Najd, qui a donné à la femme de l'or au nom de Mehr. C'est ainsi que nous

---

[15] Mut'a nikâh est similaire à la pratique actuelle d'avoir une maîtresse. Elle est permise selon les chiites. 'Umar 'radiy-Allâhu anh' ne l'a pas dit. Comme tous les autres chrétiens, l'espion anglais porte une hostilité envers hadrat 'Umar et fulmine contre lui à cette occasion également. Il est écrit dans le livre Hujaj-i-Qat'iyya : "'Umar 'radiy-Allâhu anh' a dit que Rasûlullah avait interdit mut'a nikâh et qu'il n'allait pas permettre une pratique interdite par le Messager d'Allah. Tous les As-hâb-i-kirâm ont soutenu cette déclaration des Khalîfa. Parmi eux se trouvait aussi hadrat Alî". (Veuillez consulter le livre Documents de la parole juste.)

avons commencé à tromper Muhammad de Najd, Safiyya de l'intérieur, et moi de l'extérieur.

Muhammad de Najd était maintenant entièrement entre les mains de Safiyya. De plus, il avait goûté au plaisir de désobéir aux commandements de la Sharî'at sous le prétexte de la liberté d'ijtihâd et d'idées.

Le troisième jour de la mut'a nikâh, j'ai eu une longue dispute avec lui sur le fait que les boissons dures n'étaient pas harâm (interdites par l'Islam). Bien qu'il ait cité de nombreux âyats et hadîths montrant qu'il était harâm de boire des boissons dures, je les ai tous annulés et j'ai finalement dit : "C'est un fait que Yezîd et les khalifas omeyyades et abbassides buvaient des boissons dures. Etaient-ils tous des mécréants et toi le seul adepte de la bonne voie ? Ils connaissaient sans doute le Qur'ân et la Sunna mieux que vous. Ils ont déduit du Qur'ân et de la Sunna que la boisson dure est makrûh et non harâm. De même, il est écrit dans les livres juifs et chrétiens que l'alcool est mubâh (permis). Toutes les religions sont des commandements d'Allah. D'ailleurs, selon un récit, 'Umar consommait des boissons fortes jusqu'à la révélation de l'âyat : "Vous y avez tous renoncé, n'est-ce pas ?".[16] Si cela avait été harâm, le Prophète l'aurait châtié. Puisque le Prophète ne l'a pas châtié, la boisson forte est halâl. " [Le fait est que 'Umar 'radiy-Allâhu anh' prenait des boissons fortes avant qu'elles ne soient rendues harâm. Il ne buvait jamais après que l'interdiction ait été déclarée. Si certains des Khalifas Omeyyades et Abbassides prenaient des boissons

---

[16] Mâida sûra, âyat : 91

alcoolisées, cela ne montrerait pas que les boissons alcoolisées sont makrûh. Cela montrerait qu'ils étaient des pécheurs, qu'ils ont commis le harâm. Car l'âyat-i-kerîma cité par l'espion, ainsi que d'autres âyat-i-kerîmas et hadîth-i-sherîfs, montre que les boissons avec de l'alcool sont harâm. Il est dit dans Riyâd-un-nâsihîn, "Autrefois il était permis de boire du vin. Hadrat 'Umar, Sa'd ibni Waqqas, et quelques autres Sahâbîs avaient l'habitude de boire du vin. Plus tard, la deux cent dix-neuvième âyat de la Baqara sûra a été révélée pour déclarer que c'était un péché grave. Quelque temps plus tard, la quarante-deuxième âyat de la Nisâ sûra fut révélée et il fut déclaré : "Ne vous approchez pas du namaz lorsque vous êtes ivre !". Finalement, la quatre-vingt-treizième âyat de la Mâida sûra vint et le vin fut rendu harâm. Il a été déclaré comme suit dans le hadîth-i-sherîfs : "Si une chose s'enivrerait si elle était prise en grande quantité, il est harâm de la prendre même en petite quantité." et "Le vin est le plus grave des péchés." et "Ne te lie pas d'amitié avec une personne qui boit du vin ! N'assistez pas à ses funérailles (lorsqu'il meurt) ! Ne formez pas de relation matrimoniale avec lui !" et "Boire du vin est comme adorer des idoles" et "Qu'Allâhu ta'âlâ maudisse celui qui boit du vin, le vend, le fabrique ou le donne"].

Muhammad de Najd a dit, "Selon certains récits, 'Umar a bu des alcools après les avoir mélangés avec de l'eau et a dit que ce n'était pas harâm à moins que cela ait un effet intoxicant. Le point de vue de 'Umar est correct, car il est déclaré dans le Coran :

"Le diable veut susciter l'inimitié et la rancune entre vous et vous empêcher de faire le dhikr d'Allah et le namaz au moyen de boissons et de jeux de hasard. Vous allez y renoncer maintenant, n'est-ce pas ?".[17]

Les alcools ne provoquent pas les péchés définis dans l'âyat lorsqu'ils n'intoxiquent pas. Par conséquent, les boissons fortes ne sont pas harâm lorsqu'elles n'ont pas d'effet d'intoxication."[18]

J'ai parlé à Safiyya de cette dispute que nous avions sur les boissons et je lui ai demandé de lui faire boire un alcool très fort. Après, elle m'a dit : "J'ai fait ce que tu as dit et je l'ai fait boire. Il a dansé et s'est uni à moi plusieurs fois cette nuit-là." À partir de ce moment, Safiyya et moi avons complètement pris le contrôle de Muhammad de Najd. Lors de notre entretien d'adieu, le ministre du Commonwealth m'avait dit : "Nous avons capturé l'Espagne des mécréants [il veut dire les musulmans] grâce à l'alcool et à la fornication. Reprenons toutes nos terres en utilisant à nouveau ces deux grandes forces." Maintenant, je sais combien cette déclaration était vraie.

Un jour, j'ai abordé le sujet du jeûne avec Muhammad de Najd : "Il est dit dans le Coran :

"Votre jeûne est plus propice pour vous".[19]

Il n'est pas dit que le jeûne est obligatoire (un

---

[17] Mâida sûra, âyat : 91

[18] Cependant, notre Prophète a déclaré : "Si une chose s'intoxique en cas de prise en grande quantité, il est harâm d'en prendre même une petite quantité qui ne s'intoxique pas."

[19]). Baqara sûra, âyat : 184

commandement clair). Alors, le jeûne est sunna, et non fard/obligatoire, dans la religion islamique." Il protesta et dit : "Essayez-vous de me faire quitter ma foi ?". Je lui répondis : "La foi consiste en la pureté du cœur, le salut de l'âme et le fait de ne pas commettre de transgression contre les droits d'autrui. Le Prophète n'a-t-il pas déclaré : "La foi est l'amour" ? Allah n'a-t-il pas déclaré dans le Qur'ân al-kerîm : "Adore ton Rabb (Allah) jusqu'à ce que le yaqîn[20] te vienne" ?[21] Alors, quand on aura atteint le yaqîn relatif à Allah et au Jour du Jugement, qu'on aura embelli son cœur et purifié ses actes, on deviendra le plus vertueux des hommes." Il secoua la tête en réponse à ces paroles de ma part.

Une fois je lui ai dit, "Namaz n'est pas obligatoire." "Comment ça, ce n'est pas obligatoire ?"

" Allah déclare dans le Coran :

" Fais le namâz pour te souvenir de Moi".[22]

Alors, le but du namâz est de se souvenir d'Allah. Par conséquent, vous pourriez aussi bien vous souvenir d'Allah sans accomplir le namâz."

Il répondit : " Oui. J'ai entendu dire que certaines personnes font le dhikr d'Allah au lieu d'accomplir le

---

[20] Tous les livres islamiques sont d'accord pour dire que (Yaqîn) dans ce contexte signifie (la mort) Donc cet âyat-i-kerîma signifie, "Adorer jusqu'à la mort".

[21] Hijr Sûra, âyat : 99

[22] Tâhâ sûra, âyat : 14

namâz ".[23] J'étais très heureux de cette déclaration de sa part. Je me suis efforcé de développer cette notion et de capter son cœur. Puis j'ai remarqué qu'il n'attachait pas beaucoup d'importance au namâz et qu'il l'accomplissait de manière très sporadique. Il était très négligent surtout pour la prière du matin. En effet, je l'empêchais d'aller se coucher en parlant avec lui jusqu'à minuit. Ainsi, il était trop épuisé pour se lever pour la prière du matin.

J'ai commencé à faire descendre lentement le châle de la croyance des épaules de Muhammad de Najd. Un jour, j'ai voulu discuter avec lui du Prophète, également. "Désormais, si tu me parles de ces sujets, notre relation sera gâchée et je mettrai fin à mon amitié avec toi". Sur ce, j'ai renoncé à parler du Prophète de peur de ruiner définitivement tous mes efforts.

Je lui ai conseillé de suivre une voie bien différente de celle des sunnites et des chiites. Il était d'accord avec mon idée. Car c'était une personne vaniteuse. Grâce à Safiyya, je lui ai mis un licou.

Une fois, j'ai dit : "J'ai entendu dire que le Prophète faisait de ses As-hâb des frères entre eux. Est-ce vrai ?" Sur sa réponse positive, j'ai voulu savoir si cette règle islamique était temporaire ou permanente. Il m'a expliqué : "Elle est permanente. Car le halâl du Prophète

---

[23] Notre Prophète a déclaré : "Le namâz est le pilier de l'Islam. Celui qui accomplit le namaz a construit sa foi. Celui qui ne l'accomplit pas (namaz) a ruiné sa foi" et (dans un autre hadîth), "Accomplissez le namaz comme je le fais". C'est un grave péché de ne pas accomplir le namaz de cette manière. Ce qui signifie la pureté du cœur est d'accomplir le namaz correctement.

Muhammad est halâl jusqu'à la fin du monde, et son harâm est harâm jusqu'à la fin du monde." Je lui ai alors proposé d'être mon frère. Nous étions donc frères.

Depuis ce jour, je ne l'ai plus jamais laissé seul. Nous étions ensemble même pendant ses voyages. Il était très important pour moi. Car l'arbre que j'avais planté et fait pousser, en passant les jours les plus précieux de ma jeunesse, commençait maintenant à donner ses fruits.

J'envoyais des rapports mensuels au ministère du Commonwealth à Londres. Les réponses que je recevais étaient très encourageantes et rassurantes. Muhammad de Najd suivait le chemin que je lui avais tracé.

Mon devoir était de lui inculquer des sentiments d'indépendance, de liberté et de scepticisme. Je l'ai toujours félicité en lui disant qu'un avenir brillant l'attendait.

Un jour, j'ai fait le rêve suivant : "La nuit dernière, j'ai rêvé de notre Prophète. Je m'adressais à lui avec les attributs que j'avais appris des hodjas. Il était assis sur une estrade. Autour de lui, il y avait des savants que je ne connaissais pas. Tu es entré. Ton visage était aussi brillant que des auréoles. Tu t'es approché du Prophète, et quand tu étais assez près, le Prophète s'est levé et t'a embrassé entre les deux yeux. Il a dit : " Tu es mon homonyme, l'héritier de mon savoir, mon adjoint dans les affaires mondaines et religieuses. Tu as dit : "Ô Messager d'Allah ! J'ai peur d'expliquer mon savoir aux gens". Tu es le plus grand. N'aie pas peur,' répondit le Prophète."

Muhammad bin Abd-ul-Wahhâb était fou de joie lorsqu'il entendit le rêve. Il demanda plusieurs fois si ce que je lui avais dit était vrai, et reçut une réponse positive à chaque fois. Finalement, il était sûr que je lui avais dit la vérité. Je pense qu'à partir de ce moment-là, il était résolu à faire connaître les idées dont je l'avais imprégné et à fonder une nouvelle secte.[24]

---

[24] Le livre Al-fajr-us-sâdiq, écrit par Jamil Sidqi Zahâwî Efendi de Baghdâd, qui était un muderris (professeur) d'Aqâid-i-Islâmiyya (credo islamique) dans le Dâr-ul-funûn (université) d'Istanbul et est décédé en 1354 [C.E. 1936], a été imprimé en Egypte en 1323 [C.E. 1905] et reproduit par procédé offset par Hakîkat Kitâbevi à Istanbul. Il est dit dans le livre, "Les idées hérétiques de la secte wahhabite ont été produites par Muhammad bin Abd-ul-Wahhâb à Najd en 1143 [C.E. 1730]. Il est né en 1111 [C.E. 1699] et est mort en 1207 [C.E. 1792]. La secte a été répandue au prix d'une quantité considérable de sang musulman par Muhammad bin Su'ûd, l'Emîr de Der'iyya. Les wahhabites traitaient de polythéistes les musulmans qui n'étaient pas d'accord avec eux. Ils disaient que tous (les non-Wahhabites) devaient accomplir le hajj à nouveau (même s'ils l'avaient déjà accompli), et affirmaient que tous leurs ancêtres aussi avaient été des mécréants pendant six cents ans. Ils ont tué tous ceux qui n'acceptaient pas la secte wahhabite et ont emporté leurs biens comme butin. Ils ont imputé de vilaines motivations à Muhammad 'alaihis-salâm'. Ils ont brûlé des livres de Fiqh, Tafsîr, et Hadîth. Ils ont mal interprété le Qur'ân al-kerîm selon leurs propres idées. Afin de tromper les musulmans, ils ont dit qu'ils étaient dans le madh-hab de Hanbalî. Cependant, la plupart des savants Hanbalî ont écrit des livres les réfutant et expliquant qu'ils étaient des hérétiques. Ils sont mécréants parce qu'ils appellent les harâms 'halâl' et parce qu'ils rabaissent les Prophètes et les Awliyâ. La religion wahhabite est basée sur dix éléments essentiels : Allah est un être matériel. Il a des mains, un visage et des directions. [2— Ils interprètent le Qur'ân al-kerîm selon leur propre compréhension ; 3— Ils rejettent les faits rapportés par les As-hâb-i-kirâm ; 4— Ils rejettent les faits rapportés par les savants ; 5— Ils disent qu'une personne qui imite l'un des quatre

CHAPITRE V

C'est un de ces jours où Muhammad de Najd et moi étions devenus des amis très intimes que j'ai reçu un message de Londres m'ordonnant de partir pour les villes de Kerbelâ et de Najaf, les deux centres chiites de connaissance et de spiritualité les plus populaires. J'ai donc dû mettre fin à ma compagnie avec Muhammad de Najd et quitter Bassora. Pourtant, j'étais heureux car j'étais certain que cet homme ignorant et

---

madh-habs est un mécréant ; 6— Ils disent que les non-Wahhabites sont des mécréants ; 7— Ils disent qu'une personne qui prie en faisant du Prophète et des Awliyâ des intermédiaires (entre lui et Allâhu ta'âlâ), deviendra mécréante ; 8— Ils disent qu'il est harâm de visiter la tombe du Prophète ou celles des Awliyâ ; 9— Celui qui jure sur un être autre qu'Allah deviendra polythéiste, disent-ils ; 10— Une personne qui fait un engagement solennel à quelqu'un d'autre qu'Allah ou qui tue un animal (comme sacrifice) près des tombes des Awliyâ, deviendra polythéiste, disent-ils. Dans mon livre, il sera prouvé par des preuves documentaires que tous ces dix principes crédentiels sont faux." Ces dix principes fondamentaux de la religion wahhabite sont sensiblement identiques aux principes religieux que Hempher a incités à Muhammad de Najd.

Les Britanniques ont publié les confessions de Hempher comme un moyen de propagande chrétienne. Afin d'induire en erreur les enfants des musulmans, ils ont écrit des mensonges et des fabrications au nom des enseignements islamiques. Par conséquent, afin de protéger nos jeunes de ce piège britannique, nous publions ce livre, qui est une correction de leurs mensonges et calomnies.

moralement dépravé allait créer une nouvelle secte, qui à son tour démolirait l'Islam de l'intérieur, et que j'étais le compositeur des principes hérétiques de cette nouvelle secte.

'Alî, le quatrième Khalîfa des Sunnites, et le premier selon les Chiites, a été enterré à Najaf. La ville de Kûfa, située à une distance d'un fersah (lieue), soit une heure de marche de Nadjaf, était la capitale du califat de 'Alî. Lorsque 'Alî a été tué, ses fils Hasan et Huseyn l'ont enterré à l'extérieur de Kûfa, à un endroit appelé Najaf aujourd'hui. Au fil du temps, Najaf a commencé à se développer, tandis que Kûfa tombait progressivement en décadence. Les hommes de religion chiite se sont rassemblés à Najaf. Des maisons, des marchés, des madrasas (écoles et universités islamiques) furent construits.

La Khalîfa d'Istanbul a été gentille et généreuse avec eux pour les raisons suivantes :

1- L'administration chiite en Iran soutenait les chiites. L'ingérence des khalîfas dans leurs affaires provoquerait des tensions entre les États, ce qui pourrait conduire à la guerre.

2- Parmi les habitants de Nadjaf figuraient un certain nombre de tribus armées soutenant les chiites. Bien qu'elles ne soient pas très importantes en termes d'armement et d'organisation, il serait imprudent pour le Khalîfa de courir le risque de s'attirer des ennuis avec elles.

3- Les chiites de Nadjaf avaient autorité sur les chiites du monde entier, notamment ceux d'Afrique et d'Inde. Si le Khalîfa les dérangeait, tous les chiites se soulèveraient contre lui.

Huseyn bin 'Alî, le petit-fils du Prophète, c'est-à-dire le fils de sa fille Fâtima, fut martyrisé à Kerbelâ. Les gens d'Irak avaient fait venir Huseyn à Médine et l'avaient invité en Irak pour l'élire comme leur Khalîfa. Huseyn et sa famille se trouvaient dans le territoire appelé Kerbelâ lorsque les Irakiens abandonnèrent leur première intention et, agissant sur l'ordre donné par Yazîd bin Muâwiya, le Khalîfa Umayyade vivant à Damas, se mirent en route avec l'intention de l'arrêter. Huseyn et sa famille livrèrent un ultime combat héroïque contre l'armée irakienne. La bataille s'est soldée par leur mort, et l'armée irakienne a donc gagné. Depuis ce jour, les chiites ont accepté Kerbelâ comme leur centre spirituel, de sorte que les chiites du monde entier viennent ici et forment une foule si énorme que notre religion, le christianisme, n'a pas de ressemblance avec elle.

Kerbelâ, une ville chiite, contient des madrasas chiites. Cette ville et Najaf se soutiennent mutuellement. Après avoir reçu l'ordre de me rendre dans ces deux villes, j'ai quitté Bassora pour Bagdad, puis pour une ville nommée "Hulla", située au bord de l'Euphrate.

Le Tigre et l'Euphrate viennent de Turquie, traversent l'Irak et se jettent dans le golfe Persique. L'agriculture et le bien-être de l'Irak sont dus à ces deux fleuves.

De retour à Londres, j'ai proposé au ministère du Commonwealth d'élaborer un projet visant à modifier le lit de ces deux rivières afin que l'Irak accepte nos propositions. Lorsque l'eau serait coupée, l'Irak devrait satisfaire nos exigences.

De Hulla à Najaf, j'ai voyagé sous l'apparence d'un

commerçant azerbaïdjanais. Je me suis lié d'amitié avec des hommes de religion chiites et j'ai commencé à les tromper. J'ai rejoint leurs cercles d'instruction religieuse. J'ai vu qu'ils n'étudiaient pas la science comme les sunnites, et qu'ils n'avaient pas non plus les belles qualités morales que possèdent les sunnites. Par exemple :

1- Ils étaient extrêmement hostiles à la Porte. Car ils étaient chiites et les Turcs étaient sunnites. Ils disaient que les sunnites étaient des mécréants.

2- Les savants chiites étaient entièrement absorbés par les enseignements religieux et ne s'intéressaient que très peu aux connaissances mondaines, comme c'était le cas des prêtres pendant la période de statu quo de notre histoire.

3- Ils ignoraient tout de l'essence profonde et du caractère sublime de l'Islam, et n'avaient pas la moindre idée des améliorations scientifiques et techniques de l'époque.

Je me suis dit : Quelle misérable sorte de gens sont ces chiites. Ils dorment profondément alors que le monde entier est éveillé. Un jour, une inondation viendra et les emportera tous. Plusieurs fois, j'ai essayé de les inciter à se révolter contre le Khalifa. Malheureusement, personne n'a voulu m'écouter. Certains d'entre eux se sont moqués de moi comme si je leur avais dit de détruire la terre. Car ils considéraient le Khalifa comme une forteresse impossible à prendre. Selon eux, ils se débarrasseraient du califat avec l'avènement du Mahdi promis.

Selon eux, le Mahdi était leur douzième imâm, qui était un descendant du Prophète de l'islam et qui a disparu en l'an 255 de l'hégire. Ils croyaient qu'il était toujours vivant et qu'il réapparaîtrait un jour pour sauver le monde de cet état de cruauté et d'injustice totales, en le remplissant de justice.

C'est consternant ! Comment se fait-il que ces personnes chiites croient à ces superstitions ! C'est comme la doctrine superstitieuse "Jésus-Christ reviendra et remplira le monde de justice", à laquelle adhèrent nos chrétiens.

Un jour, j'ai dit à l'un d'entre eux : "N'est-ce pas obligatoire pour vous d'empêcher l'injustice comme le Prophète de l'Islam l'a fait ?" Sa réponse fut : "Il a réussi à empêcher l'injustice parce qu'Allah l'a aidé." Lorsque j'ai dit : " Il est écrit dans le Coran : "Si vous aidez la religion d'Allah, Il vous aidera en retour.[25]" Si vous vous révoltez contre la torture de vos shâhs, Allah vous aidera " Il m'a répondu : " Vous êtes un commerçant. Ce sont des questions scientifiques. Vous ne pouvez pas comprendre cela. "

Le mausolée de 'Alî l'Emîr-ul-mu'minîn était abondamment décoré. Il possédait une cour splendide, un dôme recouvert d'or et deux grands minarets. Chaque jour, un grand nombre de chiites visitaient ce mausolée. Ils y accomplissaient le namâz en jamâ'at. Chaque visiteur s'abaissait d'abord devant le seuil, l'embrassait, puis saluait la tombe. Ils demandaient la permission et entraient ensuite. Le mausolée avait une vaste cour, qui

---

[25] Muhammad sûra, âyat : 7. Aider la religion d'Allâhu ta'âlâ signifie s'adapter à la Sharî'at et essayer de la promulguer. Se révolter contre le Shâh ou l'État, c'est détruire la religion.

contenait de nombreuses pièces pour les hommes de religion et les visiteurs.

Il y avait deux mausolées semblables à celui de 'Alî à Kerbelâ. L'un d'eux appartenait à Huseyn et l'autre à son frère Abbâs, qui avait été martyrisé avec lui à Kerbelâ. À Kerbelâ, les chiites ont répété les mêmes pratiques qu'à Nadjaf. Le climat de Kerbelâ était meilleur que celui de Nadjaf. Elle était entourée de beaux vergers et de jolis ruisseaux.

Lors de ma mission en Irak, j'ai rencontré une scène qui m'a soulagé le cœur. Certains événements annonçaient la fin de l'Empire ottoman. Tout d'abord, le gouverneur nommé par l'administration à Istanbul était une personne sans éducation et cruelle. Il agissait comme bon lui semblait. Le peuple ne l'aimait pas. Les sunnites étaient mal à l'aise parce que le gouverneur limitait leur liberté et ne les estimait pas, et les chiites s'indignaient d'être gouvernés par un Turc alors qu'il y avait parmi eux des sayyids[26] et des sherîfs,[27] les descendants du Prophète, qui auraient été un bien meilleur choix pour le poste de gouverneur.

Les chiites se trouvaient dans une situation tout à fait déplorable. Ils vivaient dans des environnements sordides et délabrés. Les routes n'étaient pas sûres. Les bandits de grand chemin attendaient toujours les caravanes et attaquaient dès qu'ils voyaient qu'aucun soldat ne les escortait. Pour cette raison, les convois ne

---

[26] Descendants de hadrat Huseyn 'radiy-Allâhu anh'.

[27] Descendants de hadrat Hasan 'radiy-Allâhu anh'.

partaient que si le gouvernement désignait un détachement pour les escorter.

Les tribus chiites étaient pour la plupart belliqueuses entre elles. Elles se tuaient et se pillaient quotidiennement. L'ignorance et l'analphabétisme étaient terriblement répandus. Cet état des chiites me rappelait l'époque où l'Europe avait subi une invasion ecclésiastique. À l'exception des chefs religieux vivant à Nadjaf et à Kerbelâ et d'une petite minorité, qui étaient leurs fidèles, pas un chiite sur mille ne savait lire ou écrire.

L'économie s'était complètement effondrée et la population souffrait d'une pauvreté extrême. Le système administratif était complètement déréglé. Les chiites ont commis des trahisons contre le gouvernement.

L'État et le peuple se regardaient avec suspicion. Par conséquent, il n'y avait aucune entraide entre eux. Les chefs religieux chiites, totalement acquis à l'idée de vitupérer les sunnites, avaient déjà renoncé au savoir, qu'il soit commercial, religieux ou mondain.

Je suis resté à Kerbelâ et à Najaf pendant quatre mois. J'ai souffert d'une maladie très grave à Najaf. Je me sentais si mal que j'ai complètement abandonné tout espoir de guérison. Ma maladie a duré trois semaines. Je suis allée voir un médecin. Il m'a donné une ordonnance. Grâce à ce médicament, j'ai commencé à me rétablir. Pendant toute ma maladie, je suis resté dans une chambre souterraine.

Comme j'étais malade, mon hôte prépara mes

médicaments et ma nourriture en échange d'une somme d'argent insignifiante et s'attendait à un grand thawâb pour me servir. Car j'étais, pour ainsi dire, un visiteur de 'Alî l'Emîr-ul-mu'minîn. Le médecin m'a conseillé de ne prendre que du bouillon de poulet pendant les premiers jours. Plus tard, il m'a permis de manger aussi du poulet. La troisième semaine, j'ai eu de la soupe de riz. Après m'être rétabli, je suis parti pour Bagdad. J'ai préparé un rapport de cent pages sur mes observations à Nadjaf, Hulla et Bagdad et en chemin. J'ai soumis ce rapport au représentant à Bagdad du ministère du Commonwealth. J'ai attendu l'ordre du ministère pour savoir si je devais rester en Irak ou retourner à Londres.

Je souhaitais retourner à Londres. Car j'étais à l'étranger depuis longtemps. Ma patrie et ma famille me manquaient. En particulier, je voulais voir mon fils Raspoutine, qui était né après mon départ. C'est pourquoi j'ai joint à mon rapport une demande de permission pour retourner à Londres, au moins pour une courte période. Je voulais faire un rapport oral de mes impressions sur ma mission de trois ans en Irak et me reposer entre-temps.

Le représentant irakien du ministère m'a conseillé de ne pas lui rendre visite souvent de peur d'éveiller les soupçons. Il m'a également conseillé de louer une chambre dans l'une des auberges situées au bord du Tigre, et m'a dit : "Je vous informerai de la réponse du ministère lorsque nous recevrons le courrier de Londres." Pendant mon séjour à Bagdad, j'ai observé la distance spirituelle entre Istanbul, la capitale du califat, et Bagdad.

Lorsque j'ai quitté Bassora pour Kerbelâ et Najaf,

j'étais très inquiet que Muhammad de Najd ne dévie de la direction que je lui avais indiquée. Car c'était une personne extrêmement instable et nerveuse. Je craignais que les objectifs que j'avais établis sur lui ne soient gâchés.

Quand je l'ai quitté, il pensait aller à Istanbul. J'ai fait de mon mieux pour le dissuader de cette idée. Je lui ai dit : "Je crains fort que, lorsque vous irez là-bas, vous ne fassiez une déclaration qui vous fera déclarer hérétique et vous tuera."

Mon appréhension était tout à fait inverse. Je craignais qu'en s'y rendant, il ne rencontre de profonds savants capables de rectifier ses erreurs et de le convertir au credo sunnite, et que tous mes rêves soient ainsi réduits à néant. Car à Istanbul, il y avait la connaissance et la belle moralité de l'Islam.

Lorsque j'ai appris que Muhammad de Najd ne voulait pas rester à Bassora, je lui ai recommandé d'aller à Ispahan et à Shîrâz.

Car ces deux villes étaient charmantes. Et leurs habitants étaient chiites. Et les chiites, à leur tour, ne pouvaient pas influencer Muhammad de Najd. Car les chiites étaient inefficaces en matière de connaissance et d'éthique. Ainsi, je me suis assuré qu'il ne changerait pas la voie que j'avais tracée pour lui.

En nous séparant, je lui ai dit : "Croyez-vous en la Taqiyya ?" "Oui, j'y crois", a-t-il répondu. "Les mécréants ont arrêté un des Sahâba, l'ont tourmenté et ont tué ses parents. Sur ce, il fit la Taqiyya, c'est-à-dire qu'il dit ouvertement qu'il était polythéiste. (Lorsqu'il revint et raconta ce qui s'était passé), le Prophète ne lui fit aucun reproche." Je lui ai conseillé : "Lorsque tu vis parmi les chiites, fais la Taqiyya ; ne leur dis pas que tu es sunnite de peur qu'ils ne deviennent une nuisance pour toi. Utilise leur pays et leurs savants ! Apprenez leurs coutumes et leurs traditions. Car ce sont des gens ignorants et têtus."

En partant, je lui ai donné de l'argent comme zakât. La zakât est un impôt islamique collecté afin d'être distribué aux personnes dans le besoin. En outre, je lui ai donné un animal sellé comme cadeau. Nous nous sommes donc séparés.

Après mon départ, j'ai perdu le contact avec lui. Cela m'a mis très mal à l'aise. Lorsque nous nous sommes séparés, nous avons décidé que nous retournerions tous les deux à Bassora et que celui qui serait rentré le premier et ne trouverait pas l'autre, écrirait une lettre et la laisserait à Abd-ur-Rîdâ.

CHAPITRE VI

Je suis resté à Bagdad pendant un certain temps. Puis, recevant le message m'ordonnant de retourner à Londres, je suis parti. À Londres, j'ai parlé avec le secrétaire et quelques fonctionnaires du ministère. Je leur ai fait part de mes activités et de mes observations au cours de ma longue mission. Ils se sont beaucoup réjouis des informations que j'ai données sur l'Irak et m'ont dit qu'ils étaient satisfaits. D'autre part, Safiyya, la petite amie de Muhammad de Najd, a envoyé un rapport en accord avec le mien. J'ai également découvert que tout au long de ma mission, j'avais été suivi par des hommes du ministère. Ces hommes ont également envoyé des rapports concordants avec les rapports que j'avais envoyés et avec le compte rendu que j'avais fait au secrétaire.

Le secrétaire a pris rendez-vous pour que je rencontre le ministre. Lorsque je suis allé voir le ministre, il m'a accueilli d'une manière qu'il n'avait pas montrée à mon égard à mon arrivée d'Istanbul. Je savais que j'occupais désormais une place exceptionnelle dans son cœur.

Le ministre était très heureux de savoir que j'avais obtenu Muhammad de Najd. "Il est l'arme que notre ministère recherchait. Faites-lui toutes sortes de promesses. Cela vaudrait la peine que vous passiez tout votre temps à l'endoctriner", a-t-il dit.

Lorsque j'ai dit : "Je suis inquiet au sujet de Muhammad de Najd. Il a peut-être changé d'avis", il m'a répondu : "Ne t'inquiète pas. Il n'a pas abandonné les idées qu'il avait lorsque vous l'avez quitté. Les espions de notre ministère l'ont rencontré à Ispahan et ont rapporté à notre ministère qu'il n'avait pas changé." Je me suis dit : "Comment Muhammad de Najd a-t-il pu révéler ses secrets à un étranger ?" Je n'ai pas osé poser cette question au ministre. Cependant, lorsque j'ai rencontré Muhammad de Najd plus tard, j'ai appris qu'à Ispahan, un homme nommé Abd-ul-kerîm l'avait rencontré et avait découvert ses secrets en disant : "Je suis le frère de Shaikh Muhammad [c'est-à-dire moi]. Il m'a dit tout ce qu'il savait sur vous".

Muhammad de Najd m'a dit : "Safiyya est allée avec moi à Isfahan et nous avons cohabité avec mut'a nikâh pendant deux mois de plus.

Abd-ul-kerîm m'accompagna à Shîrâz et me trouva une femme nommée Âsiya, qui était plus jolie et plus attirante que Safiyya. Faisant mut'a nikâh avec cette femme, j'ai passé avec elle les moments les plus délicieux de ma vie."

J'ai découvert plus tard qu'Abd-ul-kerîm était un agent chrétien vivant dans le quartier de Jelfa à Ispahan et travaillant pour le ministère. Et Âsiya, une juive vivant à Shîrâz, était un autre agent du ministère. Tous les quatre, nous nous sommes coordonnés pour former Muhammad de Najd de manière à ce qu'à l'avenir, il fasse ce qu'on attendait de lui de la meilleure façon.

Lorsque j'ai raconté les événements en présence du ministre, du secrétaire et de deux autres membres du ministère que je ne connaissais pas, le ministre m'a dit :

"Vous avez mérité de recevoir la plus grande récompense du ministère. Car vous êtes le meilleur parmi les agents les plus importants du ministère. Le secrétaire va te confier des secrets d'État, qui t'aideront dans ta mission."

Puis ils m'ont accordé un congé de dix jours pendant lequel je pouvais voir ma famille. Je suis donc rentrée chez moi immédiatement et j'ai passé certains de mes moments les plus doux avec mon fils, qui me ressemblait beaucoup. Mon fils parlait quelques mots, et marchait avec une telle élégance que j'avais l'impression qu'il était un morceau de mon propre corps. J'ai passé ce congé de dix jours si gaiement, si joyeusement. J'avais l'impression que j'allais m'envoler de joie. C'était un si grand plaisir d'être de retour à la maison, d'être avec ma famille. Pendant ce congé de dix jours, j'ai rendu visite à ma vieille tante paternelle, qui m'aimait beaucoup. C'était sage de ma part de rendre visite à ma tante paternelle. Car elle est décédée après mon départ pour ma troisième mission. J'étais si triste de sa mort.

Ce congé de dix jours s'est écoulé aussi vite qu'une heure. Alors que les jours joyeux comme ceux-ci passent aussi vite qu'une heure, les jours de chagrin semblent prendre des siècles. Je me suis souvenu des jours où j'avais souffert de cette maladie à Najaf. Ces jours d'affliction m'avaient paru des années.

Lorsque je me suis rendu au ministère pour recevoir de nouveaux ordres, j'ai rencontré le secrétaire au visage joyeux et à la haute stature. Il m'a serré la main si chaleureusement que son affection était perceptible.

Il m'a dit :

"Avec l'ordre de notre ministre et du comité chargé des colonies, je vais vous révéler deux secrets d'État. Plus tard, vous tirerez un grand profit de ces deux secrets. Personne, sauf quelques personnes confidentielles, ne connaît ces deux secrets."

En me tenant la main, il m'a emmené dans une pièce du ministère. Dans cette pièce, j'ai rencontré quelque chose de très attirant. Dix hommes étaient assis autour d'une table ronde. Le premier homme était sous l'apparence de l'empereur ottoman. Il parlait turc et anglais. Le deuxième était vêtu de l'habit du Shaikh-ul-islâm (chef des affaires islamiques) à Istanbul. Le troisième était habillé d'une tenue identique à celle du Shah d'Iran. Le quatrième portait l'habit du vizir du palais iranien. Le cinquième était habillé comme le grand savant qui dirige les chiites à Nadjaf. Les trois dernières de ces personnes parlaient persan et anglais. Chacune de ces cinq personnes avait un clerc assis à côté d'elle pour écrire tout ce qu'elle disait. Ces greffiers transmettaient aux cinq hommes les informations recueillies par les espions sur leurs archétypes à Istanbul, en Iran et à Nadjaf.

Le secrétaire a dit :

"Ces cinq personnes représentent les cinq personnes présentes. Afin de savoir ce que pensent leurs archétypes, nous avons éduqué et formé ces personnes exactement comme leurs archétypes. Nous communiquons à ces hommes les informations que nous avons obtenues sur leurs originaux à Istanbul, Téhéran et Nadjaf. Et ces hommes, à leur tour, s'imaginent être leurs originaux dans ces endroits. Nous leur posons alors la question et ils nous répondent. Nous avons déterminé que les réponses données par ces personnes correspondent à soixante-dix pour cent aux réponses que leurs originaux auraient données.

"Si vous le souhaitez, vous pouvez poser des questions pour l'évaluation. Tu as déjà rencontré le savant de Najaf".

Je répondis par l'affirmative, car j'avais rencontré le grand savant chiite à Nadjaf et je l'avais interrogé sur certaines questions. Maintenant, je me suis approché de sa copie et j'ai dit : "Cher maître, serait-il permis pour nous de faire la guerre contre le gouvernement parce qu'il est sunnite et fanatique ?". Il a réfléchi pendant un moment, et a dit :

"Non, il n'est pas permis de faire la guerre contre le gouvernement parce qu'il est sunnî. Car tous les musulmans sont des frères. Nous ne pourrions leur déclarer la guerre (aux musulmans sunnites) que s'ils commettaient des actes de cruauté et de persécution à l'encontre de la Ummat (les musulmans). Et même dans ce cas, nous observerions les principes de Amr-i-bi-l-ma'rûf[28] et Nahy-i-ani-l-munkar.[29] Nous cesserions d'interférer avec eux dès qu'ils cesseraient leurs

---

[28] Enseigner, prêcher et recommander les commandements islamiques.

[29] Admonester, mettre en garde contre les interdictions islamiques.

persécutions."

J'ai dit : "Cher professeur, puis-je avoir votre avis sur le fait que les juifs et les chrétiens sont immondes ?" "Oui, ils sont mauvais", a-t-il dit. "Il est nécessaire de s'en éloigner." Lorsque j'en demandai la raison, il répondit :

"On le fait en représailles d'une insulte. Car ils nous considèrent comme des mécréants et renient notre prophète Muhammad 'alaihis-salâm'. Nous nous vengeons donc de cela."

Je lui ai dit :

"Cher professeur, la propreté n'est-elle pas une question d'îmân ? Malgré ce fait, les avenues et les rues autour du Sahn-i-sherîf [la zone entourant le mausolée d'hadrat 'Alî] ne sont pas propres. Même les madrasas, qui sont les lieux de la connaissance, ne peuvent être considérées comme propres."

Il répondit :

"Oui, c'est vrai ; la propreté vient de l'îmân. Pourtant, on ne peut rien y faire car les chiites sont négligents en matière de propreté."

Les réponses données par cet homme au ministère correspondaient exactement aux réponses que j'avais reçues de l'érudit chiite de Nadjaf. Une telle concordance entre cet homme et l'érudit de Nadjaf me stupéfia totalement. De plus, cet homme parlait persan.

Le secrétaire a dit :

"Si vous aviez rencontré les archétypes des quatre autres personnages, vous parleriez maintenant à leurs imitations et vous verriez à quel point elles sont identiques à leurs originaux."

J'ai répondu :

"Je sais comment pense le Shaikh-ul-islâm. Car Ahmed Efendi, mon hodja à Istanbul, m'a donné une description détaillée du Shaikh-ul-islâm",

le secrétaire a dit :

"Alors vous pouvez aller de l'avant et parler avec son modèle."

Je me suis approché du modèle du Shaikh-ul-islâm et lui ai dit :

"Est-ce une obligation d'obéir au Khalîfa ?".

"Oui, c'est wâjib", a-t-il répondu. "C'est wâjib, comme c'est une obligation d'obéir à Allah et au Prophète".

Quand j'ai demandé quelle preuve il avait pour prouver cela, il a répondu :

"N'avez-vous pas entendu parler de l'âyat de Janâb-i-Allah, 'Obéissez à Allah, à Son Prophète et aux Ulul amr parmi vous' ?".[30]

---

[30] Nisâ sûra, âyat : 59

J'ai dit :

"Est-ce que cela signifie qu'Allah nous ordonne d'obéir au Khalîfa Yazîd, qui a permis à son armée de piller Medîna et qui a tué le petit-fils de notre Prophète, Huseyn, et à Walîd qui buvait des alcools ?".

Sa réponse fut la suivante :

"Mon fils ! Yazîd était l'Amîr-ul-mu'minîn avec la permission d'Allah. Il n'a pas ordonné le meurtre de Huseyn. Ne crois pas aux mensonges des chiites ! Lisez bien les livres ! Il a fait une erreur. Puis il a fait tawba pour cela (il s'est repenti et a imploré le pardon et la miséricorde d'Allah). Il avait raison d'ordonner le pillage de Medina-i-munawwara. Car les habitants de Médine étaient devenus assez débridés et désobéissants. Quant à Walîd, oui, il était un pécheur. Il n'est pas wâjib d'imiter le Khalîfa, mais d'obéir à ses commandements compatibles avec la Sharî'at."

J'avais posé ces mêmes questions à mon hodja Ahmed Efendi et reçu des réponses identiques avec de légères différences.

Puis j'ai demandé au secrétaire :

"Quelles sont les raisons ultimes de la préparation de ces modèles ?".

Il a répondu :

"Avec cette méthode, nous évaluons les capacités mentales du sultan (ottoman) et des savants musulmans, qu'ils soient chiites ou sunnites. Nous recherchons les mesures qui nous aideront à y faire face. Par exemple, si vous savez de quelle direction viendront les forces ennemies, vous ferez vos préparatifs en conséquence, vous posterez vos forces à des positions appropriées et vous mettrez ainsi l'ennemi en déroute. En revanche, si vous n'êtes pas sûr de la direction de l'assaut ennemi, vous disperserez vos forces ici et là de manière désordonnée et subirez une défaite. ... De même, si vous connaissez les preuves que les musulmans fourniront pour prouver que leur foi, leur madh-hab est juste, il vous sera possible de préparer les contre-évidences pour réfuter leurs preuves et ébranler leur croyance avec ces contre-évidences."

Puis il m'a donné un livre de mille pages contenant les résultats des observations et des projets réalisés par les cinq hommes représentatifs susmentionnés dans des domaines tels que l'armée, les finances, l'éducation et la religion. Il m'a dit : "Veuillez lire ce livre et nous le rendre." J'ai emporté le livre chez moi. Je l'ai lu avec la plus grande attention pendant mes trois semaines de vacances.

Le livre était d'un genre merveilleux. Car les réponses importantes et les observations délicates qu'il contenait semblaient authentiques. Je pense que les réponses données par les cinq hommes représentatifs correspondaient à plus de soixante-dix pour cent aux réponses que leurs archétypes auraient données. En effet, le secrétaire avait dit que les réponses étaient correctes à soixante-dix pour cent.

Ayant lu le livre, j'avais désormais davantage confiance en mon État et je savais avec certitude que les plans de démolition de l'Empire ottoman en moins d'un siècle avaient déjà été préparés. Le secrétaire a également déclaré :

"Dans d'autres pièces similaires, nous avons des tables identiques destinées aux pays que nous avons colonisés ainsi qu'à ceux que nous envisageons de coloniser."

Lorsque j'ai demandé au secrétaire où ils trouvaient des hommes aussi diligents et talentueux, il a répondu :

"Nos agents dans le monde entier nous fournissent continuellement des renseignements. Comme vous le voyez, ces représentants sont des experts dans leur travail. Naturellement, si vous disposiez de toutes les informations que possède une personne donnée, vous seriez capable de penser comme elle et de prendre les décisions qu'elle prendrait. Car vous seriez maintenant son substitut."

Le secrétaire a poursuivi :

"C'est donc le premier secret que le ministère m'a ordonné de vous communiquer.

"Je te dirai le second secret un mois plus tard, quand tu rendras le livre de mille pages."

J'ai lu le livre partie par partie, du début à la fin, en y consacrant toute mon attention. Cela a augmenté mes informations sur les Muhammadiens. Je savais maintenant comment ils pensaient, quelles étaient leurs faiblesses, ce qui les rendait puissants, et comment transformer leurs qualités puissantes en points vulnérables.

Les points faibles des musulmans, tels qu'ils sont consignés dans le livre, sont les suivants :

1- La controverse sunnite-chiite ; la controverse souverain-populaire ;[31] la controverse turco-iranienne ; la controverse tribale ; et la controverse savants-États.[32]

2- À de très rares exceptions près, les musulmans sont ignorants et analphabètes. [33]

3- Manque de spiritualité, de connaissance et de conscience.[34] Ils ont complètement abandonné les

---

[31] Cette affirmation est entièrement fausse. Elle contredit sa précédente déclaration selon laquelle "il est impératif d'obéir au Pâdishâh".

[32] C'est de la pure calomnie. Le testament écrit d'Osmân ('Uthmân) Ghâzî, (le premier Pâdishâh ottoman), est un exemple détaillé de la valeur et de l'honneur que l'administration ottomane accordait aux savants. Tous les Pâdishâhs ont accordé les plus hauts postes aux savants. Lorsque les adversaires jaloux de Mawlânâ Khâlid Baghdâdî le dénoncèrent calomnieusement à Mahmûd Khân II et demandèrent qu'il soit exécuté, le Sultan donna cette réponse largement connue : "Les érudits ne seraient en aucun cas nuisibles à l'État". Les sultans ottomans accordaient une maison, des provisions et un salaire élevé à chaque érudit.

[33] Les livres sur la religion, l'éthique, l'îmân et la science écrits par des milliers de savants ottomans sont connus universellement. Les paysans, qui sont censés être les personnes les plus illettrées, étaient très bien informés de leur foi, de leurs cultes et de leur métier. Il y avait des mosquées, des écoles et des madrasas dans tous les villages. Dans ces lieux, les villageois apprenaient à lire et à écrire, ainsi que les connaissances religieuses et mondaines. Les femmes des villages savaient lire le Qur'ân al-kerîm. La plupart des savants et des Awliyâ ont été élevés et éduqués dans les villages.

[34] Les musulmans ottomans étaient très fermes spirituellement. Les gens couraient pour le Jihâd afin d'atteindre le martyre. Après chacune des (cinq) prières quotidiennes de namâz, ainsi que pendant

affaires du monde et sont absorbés par les questions relatives à l'au-delà.[35]

4- Les empereurs sont des dictateurs cruels.[36]

5- Les routes ne sont pas sûres, les transports et les déplacements sont sporadiques.[37]

6- Aucune précaution n'est prise contre les épidémies telles que la peste et le choléra, qui tuent des dizaines de milliers de personnes chaque année ; l'hygiène est totalement ignorée.[38]

7- Les villes sont en ruines, et il n'y a aucun système d'approvisionnement en eau.[39]

---

chaque Khutba du vendredi, les hommes religieux prononçaient des bénédictions sur le Khalîfa et l'État, et toute la congrégation disait "Âmîn". Les villageois chrétiens, en revanche, sont pour la plupart illettrés, totalement inconscients de leur foi et de leurs connaissances du monde, et prennent donc les sermons des prêtres pour acquis et adhèrent aux mensonges et superstitions qu'ils ont fabriqués au nom de la religion. Ils sont comme des troupeaux d'animaux insensés.

[35] Contrairement au christianisme, l'islam ne sépare pas la religion du monde. C'est un acte d'adoration que de s'occuper des affaires du monde. Notre Prophète a déclaré : "Travaillez pour le monde comme si vous n'alliez jamais mourir, et (travaillez) pour l'au-delà comme si vous alliez mourir demain."

[36] Les empereurs exerçaient des pressions sur le peuple pour qu'il applique les principes de la Sharî'at. Ils ne pratiquaient pas l'oppression comme les rois européens.

[37] Les routes étaient si sûres qu'un musulman qui partait de Bosnie pouvait voyager jusqu'à Mekka confortablement et gratuitement, en restant, mangeant et buvant dans les villages sur le chemin, et les villageois lui offraient la plupart du temps des cadeaux.

[38] Il y avait des hôpitaux et des asiles partout. Même Napoléon a été soigné par les Ottomans. Tous les musulmans s'adaptent au hadîth-i-sherîf, "Celui qui a îmân sera propre."

[39] Ces calomnies ne valent même pas la peine qu'on y réponde. Fîrûz

8- L'administration est incapable de faire face aux rebelles et aux insurgés, il règne un désordre général, les règles du Coran, dont ils sont si fiers, ne sont presque jamais mises en pratique.[40]

9- Effondrement économique, pauvreté et régression.

10- Il n'y a pas d'armée ordonnée, ni d'armement adéquat ; et les armes en stock sont classiques et friables. [Ignorent-ils l'armée systématique établie par Orhan Ghâzî, qui monta sur le trône (ottoman) en 726 (C.E. 1326), l'armée immaculée de Yıldırım (Le Tonnerre) Bâyezîd Khan, qui mit en déroute la grande armée des croisés à Nighbolu en 799 (C.E. 1399)] ?

11- Violation du droit des femmes.[41]

12- Manque d'hygiène et de propreté de l'environnement.[42]

Après avoir cité ce qui était considéré comme les points vulnérables des musulmans dans les paragraphes

---

Shâh, le sultan de Delhi, est décédé en 790 [C.E. 1388]. Les vergers et les jardins irrigués par le large canal de 240 km construit sous son commandement sont devenus des terrains vagues lors de l'invasion britannique. Les vestiges de l'architecture ottomane éblouissent encore les yeux des touristes.

[40] Ils doivent confondre les Ottomans avec ces généraux français qui ont été récompensés pour avoir déversé les excréments de leurs rois dans la Seine.

[41] À une époque où les Britanniques étaient totalement inconscients des arts, des armes et des droits des femmes, les Ottomans ont formulé ces concepts de la manière la plus exquise. Auraient-ils le visage de nier le fait que les rois suédois et français ont demandé l'aide des Ottomans ?

[42] Les rues étaient extrêmement propres. En fait, il y avait des services de santé affectés au nettoyage des crachats dans les rues.

paraphrasés ci-dessus, le livre conseillait d'amener les musulmans à rester inconscients de la supériorité matérielle et spirituelle de leur foi, l'islam. Il donne ensuite les informations suivantes sur l'Islam :

1- L'Islam commande l'unité et la coopération et interdit la désunion. Il est dit dans le Coran : "Tenez-vous fermement à la corde d'Allah, tous ensemble."[43]

2- L'Islam commande d'être éduqué et d'être conscient. Il est dit dans le Coran : "Voyagez sur la terre."[44]

3- L'Islam commande d'acquérir des connaissances. Il est dit dans un hadîth : "L'apprentissage du savoir est obligatoire pour tout musulman, homme et femme confondus."

4- L'Islam commande de travailler pour le monde. Il est dit dans le Qur'ân : "Certains d'entre eux : Ô notre Allah ! Attribue-nous ce qui est beau dans le monde et dans l'au-delà."[45]

5- L'Islam commande la consultation. Il est dit dans le Coran : "Leurs actes sont (faits) sur consultation entre eux."[46]

6- L'Islam ordonne de construire des routes. Il est dit dans le Coran : "Marchez sur la terre."[47]

7- L'Islam ordonne aux musulmans de préserver leur santé. Il est dit dans un hadîth : " La connaissance

---

[43] Âl-i-'Imrân sûra, âyat : 103.

[44] Âl-i-'Imrân sûra, âyat : 137.

[45] Baqara sûra, âyat : 201.

[46] Shûrâ sûra, âyat : 38.

[47] Mulk : 15.

est (composée) de quatre (parties) : 1) La connaissance du Fiqh pour le maintien de la foi ; 2) La connaissance de la médecine pour le maintien de la santé ; 3) La connaissance du Sarf et du Nahw (grammaire arabe) pour le maintien de la langue ; 4) La connaissance de l'astronomie pour être conscient des temps. "

8- L'Islam commande le développement. Il est dit dans le Coran : "Allah a créé tout ce qui est sur la terre pour vous."[48]

9- L'Islam commande l'ordre. Il est dit dans le Coran : "Tout est basé sur des calculs, des ordres."[49]

10- L'Islam commande d'être fort économiquement. Il est dit dans un hadîth. "Travaillez pour votre monde comme si vous n'alliez jamais mourir. Et travaillez pour votre au-delà comme si vous alliez mourir demain."

11- L'Islam commande de constituer une armée équipée d'armes puissantes. Il est dit dans le Coran : "Préparez contre eux autant de forces que vous le pouvez."[50]

12- L'Islam commande de respecter les droits des femmes et de les valoriser. Il est dit dans le Coran : "De même que les hommes ont légalement (des droits) sur les femmes, les femmes ont des droits sur eux."[51]

13- L'Islam commande la propreté. Il est dit dans un hadîth : "La propreté vient de îmân".

Le livre recommande de dégénérer et d'altérer les

---

[48] Baqâra sûra, âyat : 29.

[49] Hijr : 19.

[50] Enfâl sûra, âyat : 60.

[51] Baqara sûra, âyat : 228.

sources d'énergie suivantes :

1- L'Islam a rejeté le sectarisme racial, linguistique, traditionnel, conventionnel et national.

2- L'intérêt, le profit, la fornication, les boissons alcoolisées et la viande de porc sont interdits.

3- Les musulmans adhèrent fermement à leurs 'Ulamâ (savants religieux).

4- La plupart des musulmans sunnites acceptent le Khalifa comme le représentant du Prophète. Ils croient qu'il est obligatoire de lui montrer le même respect que celui qui doit être montré à Allah et au Prophète.

5- Le jihâd est fard.

6- Selon les musulmans shî'î, tous les non-musulmans et les musulmans sunnites sont des personnes immondes.

7- Tous les musulmans croient que l'islam est la seule vraie religion.

8- La plupart des musulmans pensent qu'il est obligatoire d'expulser les juifs et les chrétiens de la péninsule arabe.

9- Ils accomplissent leurs adorations, (comme le namâz, le jeûne, le hajj…), de la plus belle des manières.

10- Les musulmans chiites estiment qu'il est harâm (interdit) de construire des églises dans les pays musulmans.

11- Les musulmans s'en tiennent aux principes de la croyance islamique.

12- Les musulmans chiites considèrent qu'il est obligatoire de donner un cinquième du Humus, c'est-à-dire des butins pris dans la guerre sainte, aux 'Ulamâ.

13- Les musulmans élèvent leurs enfants avec une telle éducation qu'ils ne risquent pas d'abandonner la voie suivie par leurs ancêtres.

14- Les femmes musulmanes se couvrent si bien que

la malveillance ne peut en aucun cas agir sur elles.

15- Les musulmans font le namâz dans la jamâ'at, qui les réunit cinq fois par jour.

16- Parce que la tombe du Prophète et celles de 'Alî et d'autres musulmans pieux sont sacrées selon eux, ils se rassemblent à ces endroits.

17- Il y a un certain nombre de personnes qui descendent du Prophète, [qui sont appelées Sayyids et Sherîfs] ; ces personnes rappellent le Prophète et lui permettent de rester toujours vivant aux yeux des musulmans.

18- Lorsque les musulmans se rassemblent, les prédicateurs consolident leur îmân et les motivent à accomplir des actes pieux.

19- Il est obligatoire d'accomplir Amr-i-bi-l-ma'rûf [conseiller la piété] et nahy-i-ani-l-munkar [avertir contre les mauvaises actions].

20- Il est sunnat d'épouser plus d'une femme afin de contribuer à l'augmentation de la population musulmane.

21- Convertir une personne à l'islam a plus de valeur pour un musulman que de posséder le monde entier.

22- Le hadîth "Si une personne ouvre une voie propice, elle atteindra les thawâbs des personnes qui suivent cette voie ainsi que le thawâb pour l'avoir atteint" est bien connu des musulmans.

23- Les musulmans vouent une très profonde révérence au Coran et aux hadiths. Ils croient que l'obéissance à ces sources est le seul moyen d'atteindre le Paradis.

Le livre recommandait de vicier les points forts des musulmans et de populariser leurs faiblesses, et il prescrivait les méthodes pour y parvenir.

Elle a conseillé les étapes suivantes pour populariser

leurs points vulnérables :

1-   Établir des controverses en suscitant l'animosité entre les groupes en conflit, en inoculant la méfiance et en publiant des documents qui incitent à la controverse.

2-   Faire obstacle à la scolarisation et aux publications, et brûler la littérature chaque fois que cela est possible. S'assurer que les enfants musulmans restent ignorants en jetant diverses calomnies sur les autorités religieuses et en empêchant ainsi les parents musulmans d'envoyer leurs enfants dans des écoles religieuses. [Cette méthode britannique a été très néfaste pour l'islam].

3-4- Louer le Paradis en leur présence et les convaincre qu'ils n'ont pas besoin de travailler pour une vie mondaine. Elargissez les cercles du Tasawwuf. Les maintenir dans un état d'inconscience en les encourageant à lire des livres conseillant le Zuhd, tels que Ihyâ-ul-'ulûm-id-dîn, de Ghazâlî, Mesnevî, de Mawlânâ, et divers livres écrits par Muhyiddîn Arabî.[52]

5-   Incitez les empereurs à la cruauté et à la dictature par les falsifications démagogiques suivantes : Vous êtes les ombres d'Allah sur la terre. En fait, Abû Bakr, 'Umar, 'Uthmân, 'Alî, les Omeyyades et les Abbassides ont pris le pouvoir par la force et l'épée, et chacun d'entre eux était un souverain. Par exemple, Abû Bakr a pris le pouvoir à l'aide de l'épée de 'Umar et en mettant le feu

---

[52] Le zuhd, qui est recommandé par les livres du Tasawwuf, ne signifie pas qu'il faut cesser de travailler dans le monde. Cela signifie ne pas aimer le monde. En d'autres termes, travailler pour le monde, gagner les besoins du monde et les utiliser de manière compatible avec la Sharî'at fournira autant de thawâb que les autres actes d'adoration.

aux maisons de ceux qui ne voulaient pas lui obéir, comme la maison de Fâtima.[53]

Et 'Umar devint Khalîfa sur l'ordre d'Abû Bakr. 'Uthmân, quant à lui, devint président avec l'ordre de 'Umar. Quant à 'Alî ; il devint chef de l'État par une élection tenue parmi les bandits. Muâwiya prit le pouvoir

---

[53] Il y a des indications dans les hadîth-i-sherîfs que Abû Bakr, 'Umar, 'Uthmân, et 'Alî 'radiy-Allâhu anhum' deviendraient des Khalîfas. Pourtant, il n'y a pas de déclaration claire concernant leur époque. Rasûlullah 'sall-Allâhu alaihi wa sallam' a laissé cette question au choix de ses Sahâba. Les Sahâba avaient trois différents types d'ijtihâd dans l'élection du Khalîfa. Le califat n'était pas un bien dont on pouvait hériter par ses proches. Abû Bakr, qui avait été la première personne à devenir musulman, qui avait fait en sorte que d'autres deviennent croyants, derrière qui notre Prophète avait accompli le namâz en lui disant d'être l'imâm et de conduire le namâz, et avec qui le Prophète avait émigré (à Médine), était le candidat le plus approprié. Certains (des Sahâba) se rendirent à la place de hadrat 'Alî. L'un d'entre eux, à savoir Abû Sufyân, dit : "Tendez votre main ! Je vous rendrai hommage ! Si tu veux, je remplirai toute la place de cavaliers et de fantassins." Hadrat 'Alî refusa cela, en répondant : "Cherches-tu à diviser les musulmans en groupes ? Mon séjour à la maison n'a pas pour but d'être élu Khalîfa. Le deuil de Rasûlullah m'a bouleversé. Je me sens dément." Il se rendit à la mosquée. Il rendit hommage à Abû Bakr en présence de tous les autres. Sur ce, Abû Bakr dit : "Je ne veux pas être Khalîfa. Je l'accepte bon gré mal gré pour éviter toute confusion." 'Alî lui répondit : "Tu es plus digne d'être Khalîfa". Les déclarations d'éloges qu'hadrat 'Alî fit d'Abû Bakr ce jour-là sont citées dans notre livre (turc) Se'âdet-i Ebediyye. Hadrat 'Umar a accompagné hadrat 'Alî à sa maison. Hadrat 'Alî disait : "Après Rasûlullah, Abû Bakr et 'Umar sont les plus élevés de cette Ummat (musulmans)". Les personnes qui ont cru les mensonges et les calomnies des chiites sont responsables de l'état misérable dans lequel se trouvent les musulmans aujourd'hui. Les Britanniques continuent d'insister sur cette instigation.

par l'épée.[54] Puis, à l'époque des Omeyyades, la souveraineté s'est transformée en un héritage transmis par la chaîne paternelle. Il en fut de même pour les Abbassides. Ce sont là les preuves du fait qu'en Islam, la souveraineté est une forme de dictature.

6- Supprimer la peine de mort pour homicide du code pénal. [La peine de mort est le seul moyen de dissuader l'homicide et le banditisme. L'anarchie et le banditisme ne peuvent être prévenus sans la peine de mort]. Empêcher l'administration de punir les bandits de grand chemin et les voleurs. Faites en sorte que les déplacements ne soient pas sûrs en les soutenant et en les armant.

7- Nous pouvons leur faire mener une vie malsaine avec le schéma suivant : Tout dépend de la prédiction d'Allah. Les traitements médicaux ne joueront aucun rôle dans le rétablissement de la santé. Allah ne dit-il pas dans le Coran : " Mon Rabb (Allah) me fait manger et boire. Il me guérit quand je suis malade. Lui seul me tuera puis me ressuscitera".[55] Alors, personne ne pourra se remettre d'une maladie ou échapper à la mort en dehors de la volonté d'Allah.[56]

---

[54] Hadrat Muâwiya est devenu Khalîfa après que Hadrat Hasan lui ait rendu hommage. Veuillez lire le livre Documents de la parole juste.

[55] Shûrâ sûra, âyats : 79-80-81

[56] Les agents britanniques déforment le sens des âyat-i-kerîmas et des hadîth-i-sherîfs afin d'induire les musulmans en erreur. Il est sunnat (quelque chose de fait, conseillé, recommandé, aimé par le Prophète) de suivre un traitement médical. Allâhu ta'âlâ a créé un effet curatif dans la médecine. Notre Prophète a ordonné de prendre des médicaments. Allâhu ta'âlâ, le créateur de tout, est le guérisseur. Pourtant Il a créé une loi de causalité et nous ordonne d'obéir à cette

8- Faites les déclarations suivantes pour encourager la cruauté : L'islam est une religion de culte. Il ne s'intéresse pas aux affaires de l'État. Par conséquent, Muhammad et ses Khalîfas n'avaient ni ministres ni lois.[57]

9- Le déclin économique est une conséquence naturelle des activités nuisibles conseillées jusqu'ici. Nous pouvons ajouter à l'atrophie en pourrissant les récoltes, en coulant les navires de commerce, en mettant le feu aux places de marché, en détruisant les barrages et les digues et en laissant ainsi les zones agricoles et les centres industriels sous l'eau, et enfin en contaminant leurs réseaux d'eau potable.[58]

10- Habituez les hommes d'État à des indulgences telles que [le sexe, le sport,] l'alcool, les jeux d'argent, la corruption qui provoque la sédition et l'intrigue, et la dépense des biens de l'État pour leurs avantages personnels. Encouragez les fonctionnaires à faire des

---

loi en s'accrochant aux causes. Nous devons travailler dur, découvrir les causes et les utiliser. Dire : "Il me guérit", c'est dire : "Il me donne les moyens qui vont provoquer la guérison." C'est un commandement (de l'Islam) de faire des recherches pour découvrir les causes. Notre Prophète a déclaré : "C'est farz à la fois pour les hommes et pour les femmes d'étudier et d'acquérir des connaissances." À un autre moment, il a déclaré : "Allâhu ta'âlâ aime ceux qui travaillent et gagnent leur vie."

[57] L'adoration ne consiste pas seulement à faire le namâz, le jeûne et le hajj. C'est aussi une adoration de faire des affaires mondaines parce qu'Allâhu ta'âlâ l'ordonne mais d'une manière compatible avec la Sharî'at. C'est très thawâb (méritant une récompense dans l'au-delà) de travailler pour des choses utiles.

[58] Voyez la sauvagerie, la cruauté perpétrée par les Britanniques, qui se disent civilisés et répètent si souvent l'expression "droits de l'homme" !

choses de ce genre et récompensez ceux qui nous servent de cette manière.

Puis le livre ajoute le conseil suivant :

Les espions britanniques affectés à cette tâche doivent être protégés secrètement ou ouvertement, et aucune dépense ne doit être épargnée pour sauver ceux qui sont arrêtés par les musulmans.

11- Populariser toutes sortes d'intérêts. Car non seulement l'intérêt ruine l'économie nationale, mais il habitue aussi les musulmans à désobéir aux règles coraniques. Une fois qu'une personne a violé un article de loi, il lui sera facile de violer aussi les autres articles. Il faut leur dire que "l'intérêt est harâm lorsqu'il est multiple, car il est dit dans le Coran : "Ne recevez pas d'intérêt multiple.[59] Par conséquent, toutes les formes d'intérêt ne sont pas harâm. " [Le moment du remboursement d'un prêt ne doit pas être fixé à l'avance. Tout paiement supplémentaire convenu (au moment du prêt) est un intérêt. Ce type d'intérêt est un péché grave, que le paiement supplémentaire stipulé ne vaille qu'un dirham. S'il est stipulé que le même montant (emprunté) doit être remboursé après un certain temps, ceci est un intérêt selon le madh-hab de Hanafî. Dans les ventes à crédit, le délai de remboursement doit être fixé ; cependant, si le débiteur ne peut pas rembourser à la date prévue et que le délai est prolongé et qu'un paiement supplémentaire est stipulé, ce type d'intérêt est appelé Mudâ'af. L'âyat-i-karîma cité plus haut énonce ce type

---

[59] Âl-i-'Imrân sûra, âyat : 130.

d'intérêt dans le commerce].

12- Répandre de fausses accusations d'atrocités contre les savants, jeter des calomnies sordides sur eux et ainsi éloigner les musulmans d'eux. Nous déguiserons certains de nos espions en eux. Puis nous leur ferons commettre des actes sordides. Ainsi, ils seront confondus avec des savants et chaque savant sera regardé avec suspicion. Il est indispensable d'infiltrer ces espions à Al-Az-har, Istanbul, Najaf et Kerbelâ. Nous ouvrirons des écoles, des collèges pour éloigner les musulmans des savants. Dans ces écoles, nous éduquerons les enfants byzantins, grecs et arméniens et les élèverons comme des ennemis des musulmans. Quant aux enfants musulmans, nous leur inculquerons la conviction que leurs ancêtres étaient des ignorants. Afin de rendre ces enfants hostiles aux khalifes, aux savants et aux hommes d'État, nous leur parlerons de leurs erreurs et les convaincrons qu'ils étaient occupés par leurs plaisirs sensuels, que les khalifes passaient leur temps à s'amuser avec des concubines, qu'ils abusaient des biens du peuple, qu'ils n'obéissaient pas au Prophète dans tout ce qu'ils faisaient.

Afin de répandre la calomnie selon laquelle l'Islam abhorre la femme, nous citerons l'âyat : "L'homme domine la femme",[60] et le hadîth : "La femme est un mal tout court."[61]

---

[60] Nisâ sûra, âyat : 34

[61] Il est dit dans un hadîth-i-sharîf, "Une femme (épouse) qui obéit à la Sharî'at est une des bénédictions du Paradis. Une femme qui suit ses sensations et désobéit à la Sharî'at est mauvaise." Le père d'une

femme pauvre et célibataire doit la faire vivre, qu'elle soit célibataire ou veuve. S'il ne le fait pas, il doit être emprisonné. Si elle n'a pas de père, ou si son père est (trop) pauvre (pour la faire vivre), les parents de son mahram devront prendre soin d'elle. Si elle n'a pas non plus de parents, le gouvernement devra lui allouer un salaire. Une femme musulmane n'aura jamais à travailler pour gagner sa vie. La religion islamique a chargé l'homme de tous les besoins de sa femme. En contrepartie de ce lourd fardeau, l'homme aurait aussi bien pu être le seul héritier de ses géniteurs ; cependant, comme autre bonté envers les femmes, Allâhu ta'âlâ a ordonné qu'elles reçoivent la moitié des biens hérités par leurs frères. Un mari ne peut pas forcer sa femme à travailler à l'intérieur ou à l'extérieur de la maison. Si une femme veut travailler, elle peut le faire avec la permission de son mari, à condition qu'elle soit couverte et qu'il n'y ait pas d'hommes à l'endroit où elle travaille ; et dans ce cas, ses gains lui appartiendront. Personne ne peut forcer une femme à renoncer à ses revenus de ce type, à ses biens hérités ou au mehr (qu'elle a mérité par contrat de mariage). On ne peut pas non plus l'obliger à le dépenser pour ses besoins ou ceux de ses enfants ou pour tout ce qui est nécessaire à la maison. C'est le fard (l'obligation) pour le mari de subvenir à tous ces besoins. Dans les régimes communistes actuels, les femmes comme les hommes sont obligés de faire les travaux les plus pénibles pour se nourrir uniquement, comme des animaux. Dans les pays chrétiens, dits pays du monde libre, et dans certains pays arabes dits pays musulmans, les femmes travaillent comme les hommes dans les usines, dans les champs, dans les commerces, sous le sophisme que "la vie est commune". Comme on le lit fréquemment dans les quotidiens, la plupart d'entre elles regrettent de s'être mariées, si bien que les tribunaux regorgent de dossiers de demandes de divorce. Les paroles prononcées par la bouche bénie du Messager d'Allah sont de trois sortes : Le premier type comprend les énoncés qui viennent d'Allâhu ta'âlâ à la fois dans la teneur et dans le véhicule. Ces énoncés sont appelés âyat-i-kerîma, qui constituent collectivement le Qur'ân al-kerîm. L'énoncé : "Toute chose bonne et utile qui vous arrive est voulue et envoyée par Allâhu ta'âlâ. Chaque chose mauvaise et nuisible est souhaitée par votre nafs. Toutes ces choses sont créées et envoyées par Allâhu ta'âlâ", est la soixante-dix-huitième âyat de la Nisâ sûra. La deuxième sorte comprend les énoncés dont les mots appartiennent à notre Prophète alors que leurs significations sont

13- La saleté est le résultat du manque d'eau. Par conséquent, nous devons décourager l'augmentation de l'approvisionnement en eau dans le cadre de divers programmes.

Le livre conseille les étapes suivantes pour détruire les bastions des musulmans :

1- Induire des dévouements chauvins tels que le racisme et le nationalisme chez les musulmans afin de détourner leur attention vers leurs héroïsmes préislamiques. Faire revivre la période des Pharaons en Égypte, la période des Mages en Iran, la période babylonienne en Irak, les [tyrannies] de l'ère Attila et Dzengiz dans les Ottomans. [Ils ont dressé une longue liste à ce sujet].

2- Les vices suivants doivent être pratiqués en secret ou en public : Pour ce faire, les chrétiens, les juifs,

---

inspirées par Allâhu ta'âlâ. Ces énoncés sont appelés hadîth-i-qudsî. L'énoncé : "Sois inimitable envers ton nafs. Car il est Mon ennemi", est un hadîth-i-qudsî. Dans la troisième catégorie, il y a les paroles qui appartiennent à notre Prophète aussi bien dans la formulation que dans le sens. Ils sont appelés hadîth-i sherîf. L'énoncé : "Une femme qui obéit à la Sharî'at est une des bénédictions du Paradis. Une femme qui suit son nafs est mauvaise", est un hadîth-i-sherîf. Hadrat Muhyiddîn-i-Arabî explique ce hadîth-i-sherîf dans le premier volume de son livre Musâmarât. L'espion britannique retient la première moitié du hadîth et ne révèle que la seconde moitié. Si les femmes du monde entier connaissaient la valeur, le confort et la paix, la liberté et le droit au divorce que l'Islam leur a conférés, elles deviendraient immédiatement musulmanes et s'efforceraient de diffuser l'Islam dans le monde entier. C'est une honte qu'ils ne puissent pas se rendre compte de ces faits. Qu'Allâhu ta'âlâ bénisse toute l'humanité avec la chance d'apprendre correctement la voie lumineuse de l'Islam !

les maghrébins et les autres non-musulmans vivant dans les pays musulmans doivent être utilisés au maximum, et ceux qui travaillent dans ce but doivent recevoir des salaires élevés de la part du département du trésor du ministère du Commonwealth.

3- Sème la suspicion parmi eux concernant le Jihâd ; convaincs-les que le Jihâd était un commandement temporaire et qu'il a été dépassé.

4- Chassez du cœur des chiites l'idée que "les mécréants sont immondes". Citez le verset coranique "Comme la nourriture de ceux qui ont reçu un Livre (céleste) est halâl pour vous, votre nourriture est halâl pour eux"[62] et dites-leur que le Prophète a eu une épouse juive nommée Sâfiyya et une épouse chrétienne nommée Mâriya et que les épouses du Prophète n'étaient pas du tout sales.[63]

5- Imprégner les musulmans de la conviction que "ce que le Prophète entendait par "islam" était "une religion parfaite" et que, par conséquent, cette religion pouvait être aussi bien le judaïsme ou le christianisme que l'islam." Justifiez cette affirmation par le raisonnement suivant : Le Coran donne le nom de

---

[62] Mâida sûra, âyat : 5.

[63] Hadrat Sâfiyya, que les Britanniques appellent une juive, était déjà devenue musulmane (lorsqu'elle a épousé notre Prophète). Quant à Mâriya, une Égyptienne, elle ne faisait pas partie des épouses bénies du Messager d'Allah. Elle était une jâriya. Elle aussi était musulmane. (Lorsqu'elle est décédée), 'Umar 'radiy-Allâhu anh', qui était le Khalîfa à cette époque, a effectué la prière rituelle (effectuée lors du décès d'un musulman). Selon la croyance d'Ahl as-sunna, une femme chrétienne peut être une jâriya ainsi qu'une épouse (pour un homme musulman). Contrairement au credo chiite (à cet égard), les mécréants ne sont pas eux-mêmes immondes. Ce qui est immonde chez eux, c'est la croyance qu'ils entretiennent.

"musulman" aux membres de toutes les religions. Par exemple, il cite le Prophète Joseph (Yûsuf 'alaihis-salâm') comme ayant invoqué : "Tuez-moi en tant que musulman",[64] et les Prophètes Ibrâhîm et Ismâ'îl comme ayant prié : "Ô notre Rabb (Allah) ! Fais de nous des musulmans pour Toi et fais de notre progéniture un peuple musulman pour Toi",[65] et le Prophète Ya'qûb comme ayant dit à ses fils : "Meurs seulement et uniquement en tant que musulman."[66]

---

[64] La croyance en l'information qu'un Prophète a apportée d'Allâhu ta'âlâ est appelée Îmân. L'information à croire est de deux sortes : (1) L'information à croire seulement ; (2) L'information à croire et à mettre en pratique. La première sorte d'information, qui est la base de l'Îmân, comprend six principes. Tous les Prophètes ont enseigné les mêmes principes de base de l'îmân. Aujourd'hui, tous les juifs, les chrétiens, les scientifiques, les hommes d'État, les commandants du monde entier, et tous ces soi-disant modernistes croient en l'au-delà, c'est-à-dire en la résurrection après la mort. Ceux qui se disent modernes doivent croire, comme ces gens-là. Par contre, les Sharî'ats des Prophètes, c'est-à-dire les commandements et les interdictions dans leurs religions, ne sont pas les mêmes. Avoir îmân et s'adapter à la Sharî'at s'appelle l'Islam. Comme chaque Prophète a une Sharî'at différente, l'Islam de chaque Prophète est différent de celui d'un autre. Chaque Messager d'Allah a apporté un nouvel Islam, abrogeant l'Islam du Prophète qui l'a précédé. L'Islam apporté par le dernier Prophète Muhammad 'alaihis-salâm' restera valide jusqu'à la fin du monde. Dans les 19ème et 85ème âyats de la sourate Âl-i-'Imrân, Allâhu ta'âlâ ordonne aux juifs et aux chrétiens d'abandonner leurs anciens islams. Il déclare que ceux qui ne s'adaptent pas à Muhammad 'alaihis-salâm' n'entreront pas au Paradis et qu'ils souffriront d'une brûlure éternelle en Enfer. Chacun des Prophètes précités, à savoir Ibrâhîm, Ismâ'îl et Yûsuf, a supplié pour l'Islam qui était valable à son époque. Ces islams-là, aller à l'église, par exemple, ne sont pas valables aujourd'hui.

[65] Baqara sûra, âyat : 128

[66] Baqara sûra, âyat : 132

6-   Répétez fréquemment qu'il n'est pas harâm de construire des églises, que le Prophète et ses khalifas ne les ont pas démolies, qu'au contraire ils les ont respectées, que le Coran dit : "Si Allah n'avait pas dissipé les uns par les autres, les monastères, les églises, les synagogues et les mosquées où le nom d'Allah est beaucoup mentionné auraient été anéantis",[67] que l'Islam respecte les temples, qu'il ne les démolit pas et qu'il empêche ceux qui voudraient les démolir.

7-   Confondre les musulmans avec les hadîths "Expulser les juifs de la péninsule arabique" et "Deux religions ne peuvent coexister dans la péninsule arabique". Dites que "Si ces deux hadîths étaient vrais, le Prophète n'aurait pas eu une femme juive et une chrétienne. Il n'aurait pas non plus passé un accord avec les chrétiens de Najran."[68]

8-   Essayer d'entraver les musulmans dans leurs adorations et les faire vaciller sur l'utilité des adorations en disant qu'"Allah n'a pas besoin des adorations des hommes".[69] Empêchez-les de pratiquer leur culte du hajj ainsi que toute sorte de culte qui les rassemblera. De même, essayez d'entraver la construction de mosquées, de mausolées et de madrasas et la restauration de la Ka'ba.

9-   Mystifiez les chiites au sujet de la règle selon laquelle un cinquième des biens ghanîma pris à l'ennemi

---

[67] Hajj sûra, âyat : 40

[68] Voir la note de bas de page 2 à la page 56.

[69] Les adorations sont faites parce qu'Allâhu ta'âlâ les a ordonnées. Oui, Allâhu ta'âlâ n'a pas besoin des adorations de Ses esclaves nés. Pourtant, les esclaves nés eux-mêmes ont besoin d'être adorés. Ces gens (chrétiens) vont à l'église en foule. D'autre part, ils empêchent les musulmans d'aller dans les mosquées.

au combat doit être donné aux 'Ulamâ et expliquez que ce cinquième appartient aux biens ghanîma pris à (Dâr-ul-harb) et qu'il n'a rien à voir avec les gains commerciaux. Puis ajoutez que "le Humus (le cinquième mentionné ci-dessus) doit être donné au Prophète ou au Khalifa, pas aux 'Ulamâ. Car les 'Ulamâ reçoivent des maisons, des palais, des animaux et des vergers. Par conséquent, il n'est pas permis de leur donner le (Humus)".

10- Insérer des hérésies dans les croyances des musulmans, puis reprocher à l'islam d'être une religion de terreur. Affirmer que les pays musulmans sont rétrogrades et qu'ils ont subi des chocs, ce qui nuit à leur adhésion à l'islam. [D'autre part, les musulmans ont établi le plus grand et le plus civilisé des empires du monde. Ils ont décliné à mesure que leur adhésion à l'islam se détériorait].

11- Très important ! Aliéner les enfants de leurs pères, les privant ainsi de l'éducation de leurs aînés. Nous les éduquerons. Par conséquent, dès que les enfants se seront séparés de l'éducation de leurs pères, il n'y aura plus aucune possibilité pour eux de maintenir le contact avec leur croyance, leur foi ou leurs savants religieux.

12- Inciter les femmes à se débarrasser de leurs couvertures traditionnelles. Fabriquer des falsifications telles que "Le fait de se couvrir n'est pas un véritable commandement islamique. Il s'agit d'une tradition établie à l'époque des Abbassides. Auparavant, les autres personnes voyaient les épouses du Prophète et les femmes participaient à toutes sortes d'activités sociales." Après avoir dépouillé la femme de sa couverture traditionnelle, tentez le jeune vers elle et provoquez des indécences entre eux ! C'est une méthode très efficace pour anéantir l'Islam. Utilisez d'abord des femmes non musulmanes à cette fin. Au fil du temps, la femme musulmane dégénérera automatiquement et commencera à suivre leur exemple.[70]

---

[70] Avant la révélation de l'âyat de Hijâb (voile), les femmes ne se couvraient pas ; elles venaient voir le Messager d'Allah, lui posaient des questions et apprenaient de lui ce qu'elles ne savaient pas. Chaque fois que le Messager d'Allah rendait visite à l'une d'entre elles dans sa maison, d'autres femmes s'y rendaient également, s'asseyant, écoutant et apprenant. Six ans après l'Hijrat Nûr sûra a été révélée pour interdire aux femmes de s'asseoir ou de parler avec des hommes (autres que l'époux ou d'autres proches parents). À partir de ce moment, le Messager d'Allah a ordonné aux femmes d'apprendre ce qu'elles ne savaient pas en demandant à ses épouses bénies. Ces mécréants induisent les musulmans en erreur en dissimulant le fait que les femmes se sont couvertes après la révélation de l'âyat de Hijâb.

Umm-i Salama 'radiy-Allâhu anha', épouse bénie de Rasulullah, raconte : Maymûna 'radiy-Allâhu anha', une autre épouse de Rasulullah 'sall-Allâhu alaihi wa sallam' et moi étions avec le Messager d'Allah 'sall-Allâhu alaihi wa sallam', quand Ibn-i-Umm-i-Maktûm 'radiy- Allâhu anh' demanda la permission et entra. Quand le Messager d'Allah 'sall-Allâhu alaihi wa sallam' l'a vu, il nous a dit : "Retirez-vous derrière le rideau !" Quand j'ai dit : "N'est-il pas aveugle ? Il ne nous verra pas", le Messager d'Allah a répondu : "Es-tu aveugle, toi aussi ? Tu ne le vois pas ?" C'est-à-dire qu'il voulait dire : "Il est peut-être aveugle, mais vous ne l'êtes pas". Ce hadîth-i-sherîf a été cité par Imâm-i-Ahmad et Tirmuzî et Abû Dâwûd 'rahimahumullâhi ta'âlâ.' Selon ce hadîth-i-sherîf, comme il est harâm pour un homme de regarder une femme qui n'est pas son épouse ou un proche parent, il est harâm pour une femme de regarder un homme qui n'est pas son épouse ou un proche parent. Nos madh-hab îmâms ont pris en considération d'autres hadîth-i-sherîfs également, et ont dit que "Il est harâm pour une femme de regarder les parties awrat d'un homme nâ-mahram. Il est facile de faire cela. Ces commandements et interdictions faciles sont appelés (Rukhsat). C'est Azimat pour une femme de ne pas regarder la tête et les cheveux d'un homme nâ-mahram. La partie awrat d'un homme pour une femme (la partie qu'il est interdit à une femme de regarder) est entre son genou et son nombril. Et (obéir) à cette (règle seulement, sans prêter attention à l'Azîmat), est (appelé) Rukhsât. Comme on le voit, les Azwâj-i-tâhirat (les épouses pures du Messager d'Allah) 'radiy-Allâhu ta'âlâ anhunna' et les As-hâb-i-kirâm 'radiy-Allâhu anhum' agissaient toujours sur l'Azîmat et s'abstenaient de la Rukhsât. Les Zindiqs qui essaient de détruire l'Islam de l'intérieur mettent en avant le fait que les femmes ne se couvraient pas avant la révélation de l'âyat de Hijâb et disent que "Les femmes ne se couvraient pas à l'époque du Prophète. Le fait que les femmes se couvrent comme des ogres, une pratique si courante aujourd'hui, n'existait pas à cette époque. Hadrat Âisha, par exemple, sortait tête nue. La pratique actuelle du voilement a été inventée par les hommes bigots du fiqh par la suite." Les hadîth-i-sherîfs cités ci-dessus montrent clairement que ces déclarations de leur part sont des mensonges et des calomnies.

Les quatre bons Madh-habs, qui sont les explications des commandements et des interdictions d'Allâhu ta'âlâ, donnent des comptes rendus différents concernant les parties awrat des hommes, c'est-à-dire les parties de leur corps qu'il est interdit (pour les autres) de regarder ou (pour eux) de montrer aux autres. Il est fard pour chaque homme de couvrir les parties de son corps que le Madh-hab dans lequel il se trouve prescrit comme étant harâm. Il est harâm de regarder les parties de l'awrat de quelqu'un d'autre. Les hadîth-i-sherîfs suivants sont écrits dans le livre Eshi'at-ul-leme'at :

"Que les hommes et les femmes ne regardent pas les parties d'awrat des personnes de leur propre sexe". Dans le Madh-hab Hanafî, les parties de awrat d'un homme pour les autres hommes sont les mêmes que celles d'une femme pour les autres femmes : la zone entre les genoux et le nombril. Les parties de la awrat d'une femme pour les hommes nâ-mahram pour elle, par contre, sont tout son corps à l'exception des mains et du visage. (Tout membre du sexe opposé qui ne fait pas partie de la famille proche d'une personne appelée mahram est appelé nâ-mahram. L'Islam nomme les parents mahram d'une personne. Ils sont au nombre de dix-huit). Les cheveux d'une femme sont dans ses parties de awrat. Il est harâm de regarder les parties de l'awrat de quelqu'un, même sans aucun sentiment de luxure.

"Si tu vois une femme, détourne ton visage d'elle ! Bien qu'il ne soit pas péché d'en voir une à l'improviste, il est péché de la regarder à nouveau. " "Ô 'Alî ! N'ouvre pas ta cuisse ! Ne regarde pas la cuisse

13- Exploiter toutes les occasions pour mettre fin à l'accomplissement du namâz dans les jamâ'at en dénigrant les imâms dans les mosquées, en révélant leurs erreurs et en semant la discorde et l'adversité entre eux et les jamâ'ats (groupes de musulmans) qui accomplissent leurs prières quotidiennes de namâz derrière eux.

14- Dire que tous les mausolées doivent être démolis jusqu'au sol, qu'ils n'existaient pas à l'époque du Prophète. En outre, dissuadez les musulmans de se rendre sur les tombes des prophètes, des khalîfas et des musulmans pieux en suscitant des doutes sur la visite des tombes. Par exemple, dites : "Le Prophète a été enterré à côté de sa mère et Abû Bekr et 'Umar ont été enterrés dans le cimetière appelé Bâkî'. La tombe de 'Uthmân est inconnue. La tête de Huseyn a été enterrée à (un endroit

---

d'un autre, qu'il s'agisse d'un cadavre ou d'une personne vivante."

"Qu'Allah maudisse ceux qui ouvrent leurs parties et ceux qui les regardent !"

"Une personne qui se rend semblable à une communauté deviendra l'une d'entre elles".

Ce hadîth-i-sherîf montre qu'une personne qui s'adapte aux ennemis de l'Islam dans l'éthique, le comportement ou les styles vestimentaires deviendra l'un d'entre eux. Ceux qui s'adaptent aux modes méchantes des mécréants, qui nomment les harâms "beaux arts", et qui appellent les personnes qui commettent des harâms "artistes", doivent prendre ce hadîth-i-sherîf comme un avertissement. Il est écrit comme suit dans Kimyâ-i-sa'âdat : "Il est harâm pour les femmes et les filles de sortir sans se couvrir la tête, les cheveux, les bras et les jambes ou dans des robes fines, ornées, serrées et parfumées. Si les parents, le mari ou les frères d'une femme tolèrent qu'elle sorte de cette manière, ils partageront son péché et le tourment (qu'elle subira pour ce péché dans l'au-delà)." S'ils font la tawba, ils seront pardonnés. Allâhu ta'âlâ aime ceux qui font la tawba.

appelé) Hannana. On ne sait pas où son corps a été enterré. Les tombes de Kâzimiyya appartiennent à deux califes. Elles n'appartiennent pas à Kâzim et Jawâd, deux descendants du Prophète. Quant à celle de Tus (ville), cette tombe appartient à Hârun et non à Ridâ, un membre des Ahl-i-Bayt (la famille du Prophète). Les tombes de Samerra appartiennent aux Abbassides. Elles n'appartiennent pas à Hâdî, Askerî, et Mahdî, membres des Ahl-i-Bayt. De même qu'il est obligatorie de démolir tous les mausolées et les coupoles dans les pays musulmans, de même il est un devoir de raser le cimetière appelé Bâkî'."

15- Faire en sorte que les gens soient sceptiques quant au fait que les Sayyids sont les descendants du Prophète. Mélanger les Sayyids avec d'autres personnes en faisant porter aux non-Sayyids des turbans noirs et verts. Ainsi, les gens seront perplexes à ce sujet et commenceront par conséquent à se méfier des Sayyids. Dépouiller les autorités religieuses et les Sayyids de leurs turbans afin que le pedigree prophétique soit perdu et que les autorités religieuses ne soient plus respectées. [71]

---

[71] Sayyid Abd-ul-Hakîm Arwâsî 'rahmatullâhi alaih', un grand savant, déclare dans le livre (As-hâb-i-kirâm), qu'il a écrit à Istanbul : "Hadrat Fâtimâ, la fille bénie du Messager d'Allah, et toute sa progéniture jusqu'à la fin du monde sont membres des Ahl-i-Bayt. Il est nécessaire de les aimer même s'ils sont des musulmans désobéissants. Les aimer, les aider de son cœur, de son corps et/ou de ses biens, les respecter et observer leurs droits fera que l'on mourra en tant que croyant. Il y avait un tribunal réservé aux Sayyids à Hamâ, une ville de Syrie. À l'époque des khalifas abbassides en Égypte, les descendants de Hasan 'radiy-Allâhu anh' ont été nommés Sherîf et il a été décidé qu'ils devaient porter des turbans blancs, et les fils de Huseyn 'radiy-Allâhu anh' ont été nommés Sayyid, qui devaient porter des turbans verts. Les enfants nés de ces deux familles étaient enregistrés en présence d'un juge et de deux témoins. Sous le règne

16- Dites qu'il est obligatoire de démolir les lieux de deuil des chiites, que cette pratique est une hérésie et une aberration. Il faut empêcher les gens de se rendre dans ces lieux, diminuer le nombre de prédicateurs et prélever des taxes sur les prédicateurs et les propriétaires des lieux de deuil.

17- Sous prétexte d'amour de la liberté, convaincre tous les musulmans que "Chacun est libre de faire ce qu'il veut. Il n'est pas obligatoire d'accomplir Amr-i-bi-l-ma'rûf et Nahy-i-anil-munkar ou d'enseigner les principes islamiques." [Au contraire, il est obligatoire d'apprendre et d'enseigner l'Islam. C'est le premier devoir d'un musulman]. En outre, imprégnez-les de cette conviction : "Les chrétiens doivent rester dans leur propre foi (christianisme) et les juifs dans la leur (judaïsme). Personne n'entrera dans le cœur d'une autre personne. Amr-i-ma'rûf et Nahy-i-anil-munkar sont les devoirs du Khalîfa."

---

du sultan Abd-ul-majîd Khân 'rahmatullâhi alaih', Rashîd Pasha, le vizir maçonnique, annula ces tribunaux sous les directives de ses patrons britanniques. Des personnes sans origine généalogique connue ni madh-hab religieux commencèrent à être appelées Sayyid. Les faux sayyids iraniens se sont répandus dans le monde entier. Il est dit dans le Fatâwâ-i-hadîthiyya, "Dans les premiers jours de l'Islam, toute personne qui était un descendant des Ahl-i-Bayt était appelée Sherîf, par exemple Sherîf-i-Abbâsî, Sherîf-i-Zaynalî. Les souverains Fâtimî étaient chiites. Ils n'appelaient Sherîf que les descendants de Hasan et Huseyn. Ashraf Sha'bân bin Huseyn, l'un des dirigeants turcs en Égypte, a ordonné que les Sayyids portent des turbans verts afin de les distinguer des Sherîfs. Ces traditions se sont largement répandues, bien qu'elles n'aient aucune valeur du point de vue islamique". Il existe des informations détaillées à ce sujet dans Mir'at-i-kâinât et dans la version turque de Mawâhib-i-ledunniyya et dans le troisième chapitre de la septième section du commentaire appelé Zarqânî."

18- Afin d'empêcher les musulmans d'augmenter en nombre, il faut limiter les naissances et interdire la polygamie. Le mariage doit être soumis à des restrictions. Par exemple, il faut dire qu'un Arabe ne peut pas épouser un Iranien, qu'un Iranien ne peut pas épouser un Arabe, qu'un Turc ne peut pas épouser un Arabe.

19- Faites en sorte d'arrêter les propagations islamiques et les conversions à l'islam. Diffusez la conception selon laquelle l'islam est une religion propre aux seuls Arabes. Comme preuve de cela, mettez en avant le verset coranique qui dit : "Ceci est un Dhikr pour toi et pour ton peuple."

20- Les institutions pieuses doivent être limitées et confinées au monopole de l'État, dans la mesure où les individus ne doivent pas pouvoir établir des madrasas ou d'autres institutions pieuses similaires.

21- Susciter des doutes quant à l'authenticité du Coran dans l'esprit des musulmans ; publier des traductions coraniques contenant des excisions, des ajouts et des interpolations, puis dire : "Le Coran a été souillé. Ses copies sont incongrues. Un verset que contient l'une d'elles n'existe pas dans une autre." Excisez les versets insultant les juifs, les chrétiens et tous les autres non-musulmans et ceux commandant le Jihâd, Amr-i-bi-l-ma'rûf et Nahy-i-anil munkar. [72]

---

[72] Ces manigances britanniques n'ont pas abouti. Car Allâhu ta'âlâ a protégé le Qur'ân al-kerîm de l'interpolation. Il n'a pas promis aussi qu'Il protégerait l'Injîl (le Livre céleste révélé à hadrat Îsâ). C'est pour cette raison que de faux livres au nom de la Bible ont été écrits. Même ces livres ont été modifiés au cours du temps. La première interpolation dans ces livres a été faite par un juif converti nommé Paul. Le plus grand des changements effectués au cours de chaque siècle fut celui constitué par les trois cent dix-neuf prêtres qui se réunirent à Nicée en 325 sur l'ordre de Constantin, le premier

22- Traduire le Qur'ân dans d'autres langues comme le turc, le persan, l'indien, afin d'empêcher que l'arabe soit appris et lu en dehors des pays arabes, et encore, empêcher que les (Ad-hân), (Namâz), et (Duâ) soient faits en arabe en dehors des pays arabes.

De même, les musulmans seront amenés à avoir des doutes sur les hadîths. Les traductions, critiques et interpolations prévues pour le Qur'ân devraient être appliquées aux hadîths également.

Lorsque j'ai lu le livre, qui s'intitulait "Comment démolir l'Islam", je l'ai trouvé vraiment excellent. C'était un guide incomparable pour les études que j'allais mener. Lorsque j'ai rendu le livre au secrétaire et que je lui ai dit que j'avais eu beaucoup de plaisir à le lire, il m'a dit :

"Vous pouvez être sûr que vous n'êtes pas seul dans ce domaine. Nous avons beaucoup d'hommes qui font le même travail que vous. Notre ministère a affecté plus de cinq mille hommes à cette mission. Le ministère envisage d'augmenter ce nombre à cent mille. Lorsque

---

empereur romain à Istanbul. En 931 [C.E. 1524], Martin Luther, un prêtre allemand, a créé la secte protestante. Les chrétiens qui suivaient le pape à Rome étaient appelés catholiques. Les massacres de Saint Barthélémy et de l'Ecosse, les massacres catastrophiques après les tribunaux appelés Inquisition sont également enregistrés dans l'histoire chrétienne. En 446 [C.E. 1054], Michael Kirolarius, patriarche d'Istanbul, s'est dissocié du pape et a créé l'Église orthodoxe. La secte monophysite syrienne a été fondée par Jacobus (Baradaeus), mort en 571 de notre ère, la secte maronite syrienne par Maro, mort en 405, et les Témoins de Jéhovah par Charles Russell en 1872.

nous aurons atteint ce nombre, nous aurons mis tous les musulmans sous notre emprise et obtenu tous les pays musulmans."

Un peu plus tard, le secrétaire a dit :

"Bonne nouvelle pour vous ! Notre ministère a besoin d'un siècle tout au plus pour réaliser ce programme. Nous ne vivrons peut-être pas pour voir ces jours heureux, mais nos enfants le feront. Quel beau proverbe que celui-ci : "J'ai mangé ce que les autres ont semé. Alors je sème pour les autres". Lorsque les Britanniques y parviendront, ils auront fait plaisir à toute la chrétienté et les auront sauvés d'une nuisance vieille de douze siècles."

Le secrétaire poursuit comme suit :

"Les expéditions de croisade qui se sont poursuivies pendant des siècles n'ont servi à rien. On ne peut pas non plus dire que les Mongols [armées de Dzengiz] aient fait quoi que ce soit pour extirper l'Islam. Car leur action était soudaine, non systématique et non fondée. Ils ont mené des expéditions militaires de manière à révéler leur inimitié. Par conséquent, ils se sont fatigués en peu de temps. Mais maintenant, nos précieux administrateurs tentent de démolir l'Islam au moyen d'un plan très subtil et d'une patience de longue haleine.

Nous devons également utiliser la force militaire. Mais cela doit être la phase finale, c'est-à-dire après que nous ayons complètement consumé l'Islam, après que nous l'ayons martelé de toutes parts et l'ayons rendu dans un état misérable dont il ne pourra plus jamais se relever et se battre contre nous."

Les derniers mots du secrétaire furent les suivants :

"Nos supérieurs à Istanbul ont dû être très sages et intelligents. Ils ont exécuté notre plan avec précision. Qu'ont-ils fait ? Ils se sont mélangés avec les Muhammadans et ont ouvert des madrasas pour leurs enfants. Ils ont construit des églises. Ils ont parfaitement réussi à populariser les alcools, les jeux d'argent, les indécences, et à les diviser en groupes par le biais de l'instigation [et des clubs de football]. Ils ont éveillé des doutes dans l'esprit des jeunes musulmans. Ils ont inséré des controverses et des oppositions dans leurs gouvernements. Ils ont semé la zizanie partout. Ils dépravaient les administrateurs, les directeurs et les hommes d'État en remplissant leurs maisons de femmes chrétiennes. Avec des activités de ce genre, ils ont brisé leurs forces, sapé leur adhésion à leur foi, les ont corrompus moralement, et ont perturbé leur unité et leur communication. Maintenant le temps est venu de commencer une guerre soudaine et d'extirper l'Islam".[73]

---

[73] Les Britanniques appliquèrent aux deux grands Empires islamiques, indien et ottoman, le plan de destruction en vingt et un articles qu'ils avaient préparé pour anéantir l'Islam. Ils ont établi en Inde des groupes islamiques hérétiques, tels que les wahhabites, les qâdiyânî, les Teblîgh-i-jamâ'at et les Jamâ'at-i-Islâmiyya. Puis l'armée britannique a facilement envahi l'Inde et a détruit tout l'État islamique. Ils ont emprisonné le sultan et massacré ses deux fils. Des articles extrêmement précieux et les plus beaux trésors qui avaient été préservés à travers les siècles furent pillés et expédiés à Londres. Ils ont volé les pierres précieuses, telles que les diamants, les émeraudes et les rubis, qui ornaient les murs du mausolée appelé Taj-mahal, que le sultan indien Shâh-i-Jihân avait construit en 1041 [C.E. 1631] sur la tombe de son épouse Erjumend Beghum à Aghra, en plâtrant leurs emplacements sur les murs avec de la boue. Aujourd'hui, ces plâtres crient la sauvagerie britannique au monde entier. Et les Britanniques

continuent de dépenser cette richesse volée pour l'anéantissement de l'Islam.

Comme l'exprime un poète islamique, "Si les cruels ont l'oppression, les opprimés ont Allah avec eux", la justice divine s'est levée et ils ont eu leurs déserts pendant la Seconde Guerre mondiale. Craignant que les Allemands n'envahissent la Grande-Bretagne, la plupart des riches ecclésiastiques britanniques, des ménages d'hommes d'État et de ministres, et des dizaines de milliers d'ennemis de l'Islam ont embarqué sur des navires et étaient en route pour l'Amérique, lorsque les mines magnétiques libérées par les deux navires de guerre allemands du Graf von Spee et deux autres navires similaires ont attrapé et coulé leurs navires. Ils se sont tous noyés dans l'océan Atlantique. Après la guerre, sur décision du centre des droits de l'homme des Nations unies à New York, ils se sont retirés de leurs colonies dans le monde entier. Ils ont perdu la plupart de leurs sources de revenus que le ministère du Commonwealth exploitait depuis des siècles. Ils ont été confinés sur l'île appelée Grande-Bretagne. La nourriture et les biens de consommation étaient rationnés. Je me souviens que le chef d'état-major général turc, le général Salih Omurtak, a déclaré lors d'un dîner en 1948 : "À Londres, invité officiel comme je l'étais, j'ai toujours quitté la table du repas sans avoir été pleinement nourri. En Italie, sur le chemin du retour, je me suis rassasié en mangeant beaucoup de spaghettis." Je cite ces propos parce que j'étais assis en face du général à la table du dîner et que j'ai entendu exactement ce qu'il a dit. Ses paroles résonnent encore dans mes oreilles. Thenâullâh-i-Dahlawî 'rahmatullâhi aleyh' fait l'observation suivante dans son explication du quatre-vingt-deuxième âyat-i-kerîma de Sûra-i-Mâida : " Muhy-is-sunna Huseyn Beghawî a déclaré que tous les chrétiens ne sont pas polythéistes. Car le polythéisme signifie déifier une chose, c'est-à-dire l'adorer. Les polythéistes, comme les juifs, vouent une haine amère aux musulmans. Ils tuent les musulmans, dévastant leurs terres et démolissant leurs mosquées. Ils brûlent des copies du Qur'ân al-kerîm". L'Imâm-i-Rabbânî 'rahmatullâhi aleyh' déclare dans la troisième lettre du troisième volume (de sa Mektûbât) : "Une personne qui adore tout autre être qu'Allâhu ta'âlâ est appelée polythéiste. Une personne qui ne s'est pas adaptée à la Sharî'at d'un Prophète est un polythéiste."

Les chrétiens du monde entier renient aujourd'hui Muhammad 'alaihis-salâm' et sont donc mécréants. La plupart d'entre eux sont polythéistes car ils disent que Îsâ 'alaihis-salâm' est un dieu, ou qu'il est l'un des trois dieux. Certains d'entre eux, qui professent que "Jésus est un esclave né et un prophète de Dieu", sont des Ahl-i-kitâb (Gens du Livre). Toutes ces personnes entretiennent une attitude inamicale à l'égard de l'islam et des musulmans. Leurs attaques sont administrées par les Britanniques.

Nous avons été informés en 1412 [1992 A.D.] que les chrétiens ont récemment concocté dix questions et les ont distribuées dans les pays musulmans. Les savants islamiques du Bengladesh, en préparant les réponses à ces questions, ont déshonoré les prêtres chrétiens. Hakîkat Kitâbevi à Istanbul, distribue ces réponses dans le monde entier sous le titre de Al-Ekâzîb-ul-cedîde-tül-Hristiyâniyye.

CHAPITRE VII

Ayant apprécié le premier secret, j'avais hâte de connaître le second. Finalement, un jour, le secrétaire a expliqué le second secret qu'il avait promis. Le deuxième secret était un plan de cinquante pages préparé pour les hauts fonctionnaires travaillant au ministère pour anéantir l'Islam dans son ensemble en un siècle. Le plan se compose de quatorze articles. Ce plan a été étroitement gardé de peur qu'il ne soit obtenu par les musulmans. Voici les articles du plan :

1- Nous devons former une alliance bien établie et un accord d'aide mutuelle avec le Tsar russe afin d'envahir Bukhâra, Tâjikistân, l'Arménie, le Khorasan et ses environs. Là encore, il faut établir un accord solide avec les Russes afin d'envahir leur voisin, la Turquie.

2- Nous devons établir une coopération avec la France pour démolir le monde islamique de l'intérieur et de l'extérieur.

3- Il faut semer des querelles et des controverses très ardentes entre les gouvernements turc et iranien et accentuer les sentiments nationalistes et racistes dans les deux parties. En outre, toutes les tribus, nations et pays musulmans voisins doivent être montés les uns contre les autres. Toutes les sectes religieuses, y compris celles qui ont disparu, doivent être récupérées et opposées les unes aux autres.

4- Des parties des pays musulmans doivent être remises aux communautés non musulmanes. Par exemple, Médine doit être donnée aux juifs, Alexandrie aux chrétiens, Imâra aux Sâiba,[74] Kermanshah au groupe Nusayriya, qui a divinisé 'Alî, Mousul aux Yazîdîs, le golfe iranien aux hindous, Tripoli aux Druzis, Kars aux Alawîs, et Masqat au groupe Khârijî. L'étape suivante devrait consister à armer ces groupes afin que chacun d'entre eux soit une épine dans le corps de l'Islam. Leurs zones doivent être élargies jusqu'à ce que l'Islam s'effondre et périsse.

5- Un programme doit être concocté pour diviser les États musulmans et ottomans en États locaux aussi petits que possible, qui sont toujours en conflit les uns avec les autres. L'Inde d'aujourd'hui en est un exemple. Car la théorie suivante est courante : "Brisez, et vous dominerez", et "Brisez, et vous détruirez".

6- Il est nécessaire d'altérer l'essence de l'Islam en y ajoutant des religions et des sectes interpolées, et ceci d'une manière si subtile que les religions que nous allons inventer doivent être compatibles avec les goûts sensuels et les aspirations des gens parmi lesquels nous allons les répandre. Nous allons inventer quatre religions différentes dans les pays chiites : 1— Une religion qui divinise hadrat Huseyn ; 2— Une religion qui divinise Ja'fer Sâdiq ; 3— Une religion divinisant Mahdi ; 4— Une religion divinisant Alî Ridâ. La première convient à Kerbelâ, la seconde à Isfahân, la troisième à Samarra, et la quatrième à Khorâsân. En attendant, nous devons faire dégénérer les quatre madh-habs sunnites existants en quatre religions autonomes. Après cela, nous établirons

---

[74] Sabiens.

une toute nouvelle secte islamique à Najd, puis nous provoquerons des querelles sanglantes entre tous ces groupes. Nous annihilerons les livres appartenant aux quatre madh-habs, de sorte que chacun de ces groupes se considérera comme le seul groupe musulman et considérera les autres groupes comme des hérétiques qui doivent être tués.

7- Des graines de malheur et de méchanceté, telles que la fornication, la pédérastie, les alcools et les jeux de hasard, seront dispersées parmi les musulmans. Les non-musulmans vivant dans les pays concernés seront utilisés à cette fin. Une énorme armée de personnes de ce genre est réquisitionnée pour la réalisation de cet objectif.

8- Nous ne devrions épargner aucun effort pour former et éduquer des chefs vicieux et des commandants cruels dans les pays musulmans, pour les amener au pouvoir et ainsi faire passer des lois interdisant l'obéissance à la Sharî'at (injonctions religieuses). Nous devrions les mettre à contribution, dans la mesure où ils devraient être assez serviles pour faire tout ce que le ministère (du Commonwealth) leur demande de faire, et vice versa. Grâce à eux, nous devrions être en mesure d'imposer nos souhaits aux musulmans et aux pays musulmans en utilisant les lois comme moyen d'exécution. Nous devrions établir un mode de vie social, une atmosphère dans laquelle l'obéissance à la charia sera considérée comme une culpabilité et le culte comme un acte de régression. Nous devons inciter les musulmans à élire leurs dirigeants parmi les non-musulmans. Pour ce faire, nous devrions déguiser certains de nos agents en autorités islamiques et les amener à des postes élevés afin qu'ils puissent exécuter nos souhaits.[75]

9- Faites tout votre possible pour empêcher l'apprentissage de l'arabe. Popularisez les langues autres que l'arabe, comme le persan, le kurde et le pachtou (pachto). Ressuscitez les langues étrangères dans les pays arabes et popularisez les dialectes locaux afin d'anéantir l'arabe littéraire et éloquent, qui est la langue du Qur'ân et de la Sunna.

10- En plaçant nos hommes autour des hommes d'État, nous devrions progressivement en faire des secrétaires de ces hommes d'État et par leur intermédiaire, nous devrions réaliser les désirs du ministère. Le moyen le plus simple d'y parvenir est la traite des esclaves : Tout d'abord, nous devons former adéquatement les espions que nous devons envoyer sous l'apparence d'esclaves et de concubines. Ensuite, nous devons les vendre aux proches parents des hommes d'État musulmans, par exemple à leurs enfants ou à leurs épouses, ou à d'autres personnes qu'ils aiment ou respectent. Ces esclaves, après que nous les ayons vendues, se rapprocheront progressivement des hommes d'État. Devenant leurs mères et leurs gouvernantes, elles entoureront les hommes d'État musulmans comme un bracelet autour d'un poignet.

11- Les zones missionnaires doivent être élargies de manière à pénétrer dans toutes les classes sociales et toutes les professions, en particulier dans les professions

---

[75] Les Britanniques ont réussi dans leurs efforts. Ils ont amené au pouvoir leurs disciples maçons, tels que Mustafa Rashîd Pâsha, Alî Pâsha, Fuâd Pâsha, et Tal'at Pâsha, et des personnes dégénérées d'origine arménienne ou juive. Et d'autres hommes de religion maçonniques, comme Abdullah Cevdet, Mûsâ Kâzim, et Abduh, furent nommés autorités religieuses.

telles que la médecine, l'ingénierie et la comptabilité. Nous devons ouvrir des centres de propagande et de publication sous des noms tels qu'églises, écoles, hôpitaux, bibliothèques et institutions de charité dans les pays islamiques et les répandre de loin en loin. Nous devons distribuer gratuitement des millions de livres chrétiens. Nous devons publier l'histoire chrétienne et la loi intergouvernementale à côté de l'histoire islamique. Nous devons déguiser nos espions en moines et en nonnes et les placer dans des églises et des monastères. Nous devons les utiliser comme chefs de file des mouvements chrétiens. Ces personnes détecteront en même temps tous les mouvements et toutes les tendances dans le monde islamique et nous en rendront compte instantanément. Nous devons créer une armée de chrétiens qui, sous des noms tels que "professeur", "scientifique" et "chercheur", déformeront et souilleront l'histoire de l'Islam, apprendront tous les faits sur les manières, les comportements et les principes religieux des musulmans, puis détruiront tous leurs livres et éradiqueront les enseignements de l'Islam.

12- Nous devons semer la confusion dans l'esprit de la jeunesse islamique, garçons et filles confondus, et susciter des doutes et des hésitations dans leur esprit quant à l'Islam. Nous devons les dépouiller complètement de leurs valeurs morales au moyen d'écoles, de livres, de magazines [clubs sportifs, publications, films, télévision] et de nos propres agents formés à cet effet. Il est indispensable d'ouvrir des sociétés clandestines pour éduquer et former les jeunes juifs, chrétiens et autres non-musulmans et les utiliser comme leurres pour piéger les jeunes musulmans.

13- Il faut provoquer des guerres civiles et des insurrections ; les musulmans doivent toujours être en lutte les uns avec les autres ainsi que contre les non-musulmans, de sorte que leurs énergies soient gaspillées et que l'amélioration et l'unité leur soient impossibles. Leurs dynamismes mentaux et leurs sources financières doivent être annihilés. Les jeunes et les actifs doivent être éliminés. Leurs ordres doivent être transformés en terreur et en anarchie.

14- Leur économie doit être rasée dans tous les domaines, leurs sources de revenus et leurs zones agricoles doivent être gâchées, leurs canaux et lignes d'irrigation doivent être dévastés et les rivières asséchées, il faut faire en sorte que le peuple déteste l'accomplissement du namâz et le travail, et la paresse doit être rendue aussi répandue que possible. Les terrains de jeux doivent être ouverts aux paresseux. Les stupéfiants et les alcools doivent être rendus courants.

(Les articles que nous avons cités ci-dessus étaient expliqués très clairement avec des aides telles que des cartes, des images et des graphiques).

J'ai remercié le secrétaire de m'avoir remis une copie de ce magnifique document.

Après un mois de séjour à Londres, j'ai reçu un message du ministère m'ordonnant de me rendre en Irak pour revoir Muhammad de Najd. Au moment où je partais pour ma mission, le secrétaire m'a dit :

" Ne soyez jamais négligent à l'égard de Muhammad de Najd ! Comme il ressort des rapports envoyés par nos espions jusqu'à présent, Muhammad de Najd est un imbécile typique très commode pour la réalisation de nos objectifs.

"Parlez franchement avec Muhammad de Najd. Nos

agents ont parlé franchement avec lui à Isfahân, et il a accepté nos souhaits à certaines conditions. Les conditions qu'il a stipulées sont les suivantes : Il serait soutenu avec des biens et des armes adéquats pour se protéger contre les états et les savants qui ne manqueraient pas de l'attaquer dès qu'il annoncerait ses idées et ses vues. Une principauté serait établie dans son pays, même si elle est petite. Le ministère a accepté ces conditions."

J'ai eu l'impression que j'allais m'envoler de joie en apprenant cette nouvelle. J'ai demandé au secrétaire ce que je devais faire à ce sujet. Il m'a répondu : "Le ministère a conçu un plan subtil que Muhammad de Najd doit mettre en œuvre, comme suit :

1- "Il doit déclarer tous les musulmans comme mécréants et annoncer qu'il est halâl de les tuer, de s'emparer de leurs biens, de violer leur chasteté, de faire de leurs hommes des esclaves et de leurs femmes des concubines et de les vendre sur les marchés aux esclaves."

2- "Il doit déclarer que la Ka'ba est une idole et qu'elle doit donc être démolie.[76] Afin de supprimer le culte du hajj, il doit inciter les tribus à attaquer les

---

[76] Les personnes, les statues (ou les icônes) que l'on vénère, sur lesquelles on se prosterne et que l'on considère comme la seule autorité capable de réaliser ses souhaits sont appelées "idoles". Les musulmans ne se prosternent pas devant la Ka'ba. En se tournant vers la Ka'ba, ils se prosternent devant Allâhu ta'âlâ. Dans chaque prière de namaz, après avoir effectué leur prosternation vers Ka'ba, ils récitent la sûra Fâtihâ. Il est dit dans cette sûra : "Ô Toi, l'Unique Rabb des âlams (univers) ! C'est Toi, seul, que nous adorons. C'est à Toi seul que nous demandons tout."

groupes de hadjis (pèlerins musulmans), à piller leurs biens et à les tuer."

3- Il doit s'efforcer de dissuader les musulmans d'obéir au Khalifa. Il doit les inciter à se révolter contre lui. Il doit préparer des armées dans ce but. Il doit exploiter toutes les opportunités pour répandre la conviction qu'il est nécessaire de combattre les notables du Hedjaz et de les déshonorer.

4- Il doit alléguer que les mausolées, les dômes et les lieux sacrés des pays musulmans sont des idoles et des milieux polythéistes et doivent donc être démolis. Il doit faire tout son possible pour trouver des occasions d'insulter le Prophète Muhammad, ses Khalifes et tous les érudits éminents des madh-habs.

5- "Il doit faire tout son possible pour encourager les insurrections, les oppressions et l'anarchie dans les pays musulmans.

6- Il doit essayer de publier une copie du Qur'ân interpolée avec des ajouts et des excisions, comme c'est le cas pour les hadîths."[77]

Après avoir expliqué ce plan en six paragraphes, le secrétaire a ajouté :

"Ne vous affolez pas devant cet énorme programme. Car notre devoir est de semer les graines pour anéantir l'Islam. Il y aura des générations pour achever ce travail.

---

[77] Ce serait une calomnie très grave d'affirmer qu'il y a des ajouts et des excisions dans les hadîth-i-sherîfs des livres connus et authentiques (de hadîth). Une personne qui a appris comment des milliers de savants du hadîth ont compilé les hadîth-i-sherîfs ne pourrait jamais dire un tel mensonge abominable, ni croire des mensonges de cette sorte.

Le gouvernement britannique a pris l'habitude d'être patient et d'avancer pas à pas. Le prophète Mahomet, l'auteur de la grande et déroutante révolution islamique, n'était-il pas un être humain après tout ? Et ce Muhammad de Najd qui est le nôtre a promis d'accomplir cette révolution qui est la nôtre comme son Prophète."

Quelques jours plus tard, j'ai pris la permission du ministre et du secrétaire, j'ai fait mes adieux à ma famille et à mes amis, et je suis parti pour Bassora. En quittant la maison, mon petit garçon m'a dit : "Reviens vite papa !" Mes yeux sont devenus humides. Je n'ai pas pu cacher mon chagrin à ma femme. Après un voyage fatigant, je suis arrivé à Bassora la nuit. Je suis allé à la maison d'Abd-ur-Ridâ. Il était endormi. Il était très content quand il s'est réveillé et m'a vu. Il m'a offert une chaleureuse hospitalité. J'y ai passé la nuit. Le lendemain matin, il me dit : "Muhammad de Najd m'a rendu visite, a laissé cette lettre pour toi et est parti." J'ai ouvert la lettre. Il écrivait qu'il partait pour son pays, Najd, et donnait son adresse là-bas. Je me suis immédiatement mis en route pour y aller aussi. Après un voyage extrêmement pénible, j'y suis arrivé. J'ai trouvé Muhammad de Najd dans sa maison. Il avait perdu beaucoup de poids. Je ne lui ai rien dit à ce sujet. Par la suite, j'ai appris qu'il s'était marié.

Nous avons décidé entre nous qu'il devait dire aux autres personnes que j'étais son esclave et que j'étais de retour d'un endroit où il m'avait envoyé. Il m'a présenté comme tel.

Je suis resté avec Muhammad de Najd pendant deux ans. Nous avons élaboré un programme pour annoncer son appel. Finalement, j'ai fomenté sa résolution en 1143 Hijri [A.D. 1730]. Ainsi, en rassemblant des partisans autour de lui, il a insinué son appel en faisant des déclarations secrètes à ceux qui étaient très proches de lui. Puis, jour après jour, il a étendu son appel. J'ai mis des gardes autour de lui afin de le protéger contre ses ennemis. Je leur ai donné autant de biens et d'argent qu'ils le souhaitaient. Chaque fois que les ennemis de Muhammad de Najd voulaient l'attaquer, je les inspirais et les encourageais. Au fur et à mesure que son appel se répandait, le nombre de ses adversaires augmentait. De temps en temps, il tentait d'abandonner son appel, surtout lorsqu'il était accablé par la multitude des attaques dont il faisait l'objet. Mais je ne le laissais jamais seul et je l'encourageais toujours. Je lui disais :

"Ô Muhammad, le Prophète a subi plus de persécutions que toi jusqu'à présent. Tu sais, c'est une façon de s'honorer. Comme tout autre révolutionnaire, tu devras endurer quelques difficultés !"

Une attaque ennemie était probable à tout moment. J'ai donc engagé des espions sur ses adversaires. Chaque fois que ses ennemis lui voulaient du mal, les espions m'en faisaient part et je neutralisais leur mal. Une fois que j'ai été informé que les ennemis allaient le tuer. J'ai immédiatement pris les précautions nécessaires pour contrecarrer leurs préparatifs. Lorsque les gens (autour de Muhammad de Najd) ont entendu parler de ce complot de leurs ennemis, ils se sont mis à les détester d'autant plus. Ils tombèrent dans le piège qu'ils avaient tendu.

Muhammad de Najd m'a promis de mettre en œuvre les six articles du plan et a ajouté : " Pour le moment, je ne peux les exécuter que partiellement. " Il avait raison dans cette parole. À cette époque, il lui était impossible de les réaliser tous.

Il a trouvé impossible de faire démolir la Ka'ba. Et il a abandonné l'idée d'annoncer qu'elle (Ka'ba) est une idole. En outre, il a refusé de publier une copie interpolée du Qur'ân. La plupart de ses craintes à cet égard provenaient des Sherîfs de Mekka et du gouvernement d'Istanbul. Il m'a dit que "si nous faisions ces deux annonces, nous serions attaqués par une puissante armée." J'ai accepté son excuse. Car il avait raison. Les conditions n'étaient pas du tout favorables.

Quelques années plus tard, le ministère du Commonwealth a réussi à cajoler Muhammad bin Su'ûd, l'Amîr de Der'iyya, pour qu'il rejoigne nos rangs. Ils m'ont envoyé un messager pour m'en informer et pour établir une affection mutuelle et une coopération entre les deux Muhammad. Pour gagner le cœur et la confiance des musulmans, nous avons exploité notre Muhammad de Najd sur le plan religieux, et Muhammad bin Su'ûd sur le plan politique. C'est un fait historique que les états basés sur la religion ont vécu plus longtemps et ont été plus puissants et plus imposants.

Ainsi, nous sommes devenus de plus en plus puissants. Nous avons fait de la ville de Der'iyya notre capitale. Et nous avons nommé notre nouvelle religion la religion WAHHÂBÎ. Le ministère a soutenu et renforcé le gouvernement Wahhâbî d'une manière sournoise. Le nouveau gouvernement a acheté onze officiers britanniques, très bien formés à la langue arabe et à la guerre dans le désert, sous le nom d'esclaves. Nous avons préparé nos plans en coopération avec ces officiers. Les deux Muhammad suivirent la voie que nous leur montrions. Lorsque nous ne recevions aucun ordre du ministère, nous prenions nos propres décisions.

Nous avons tous épousé des filles de tribus. Nous avons apprécié le plaisir de la dévotion d'une femme musulmane envers son mari. Ainsi, nous avons eu des relations plus fortes avec les tribus. Tout va bien maintenant. Notre centralisation est de plus en plus vigoureuse chaque jour. À moins d'une adversité inattendue, nous mangerons les fruits que nous avons préparés. Car nous avons fait tout ce qui était nécessaire et semé les graines.

PARTIE II

L'HOSTILITÉ CONTRE L'ISLAM

AVERTISSEMENT

Toute personne qui lit ce livre avec attention se rendra compte que l'ennemi juré de l'Islam est les Britanniques et saura très bien que la secte Wahhâbî, dont les adeptes attaquent les musulmans sunnites dans le monde entier, a été fondée et est soutenue par le pouvoir britannique.

Ce livre prouve, documents à l'appui, que la secte wahhabite a été fondée par des mécréants britanniques dans le but d'anéantir l'islam. On entend dire que les hérétiques de tous les pays s'efforcent de répandre le wahhabisme. Il y a même des gens qui prétendent que les confessions d'Hempher sont des histoires imaginaires écrites par d'autres. Mais ils ne peuvent fournir aucune preuve de cette affirmation.

Ceux qui lisent les livres wahhabites et apprennent les faits intérieurs et essentiels les concernant se rendent compte que ces confessions sont vraies. Les wahhabites aident à démolir l'Islam. Peu importe les efforts qu'ils déploient, ils ne pourront pas anéantir les Ahl as-sunna, qui sont de vrais musulmans, mais ils périront eux-mêmes, à la place. Car Allâhu ta'âlâ donne la bonne nouvelle à travers la quatre-vingt-unième âyat d'Isrâ sûra que les hérétiques qui apparaîtront seront battus et anéantis par les gens de la bonne voie.

HOSTILITÉ BRITANNIQUE CONTRE L'ISLAM

Les personnes qui ont lu les confessions de l'espion britannique présentées dans la première section auront une idée de ce que les Britanniques pensent des musulmans du monde entier. Ce qui suit est un compte rendu de la manière dont les espions britanniques ont appliqué les ordres qu'ils ont reçus du ministère du Commonwealth sur les musulmans du monde entier et des activités menées par les missionnaires.

Les Britanniques sont un peuple vaniteux et arrogant. La haute valeur qu'ils attachent à eux-mêmes et à leur propre pays laisse place à une détestation symétrique lorsqu'il s'agit des autres personnes et de leurs pays.

Selon les Britanniques, il existe trois groupes de personnes sur la terre : Le premier groupe est constitué par les Britanniques, qui s'autoproclament les êtres les plus développés qu'Allah ait jamais créés sous forme humaine. Le deuxième groupe est constitué des Européens et des Américains de couleur blanche. Ces gens peuvent aussi être dignes de respect, comme ils l'admettent si généreusement. Le troisième groupe est celui des personnes qui n'ont pas eu la chance de naître dans l'un des deux premiers groupes. Ce sont des créatures qui se situent entre les êtres humains et les animaux. Ils ne sont pas du tout dignes de respect et ne méritent pas non plus des choses comme la liberté, l'indépendance ou un pays. Ils ont été créés pour vivre sous la domination d'autrui, en particulier celle des Britanniques.

Ayant de tels préjugés sur les autres peuples, les Britanniques ne vivent jamais parmi les habitants de leurs colonies. Partout dans leurs colonies, il y a des clubs, des casinos, des restaurants, des bains et même des magasins qui ne sont ouverts qu'aux Britanniques. Les autochtones ne peuvent pas entrer dans ces lieux.

L'écrivain français Marcelle Perneau, célèbre pour ses voyages en Inde au début du vingtième siècle, donne le récit suivant dans ses *Notes sur mon voyage en Inde* :

"J'ai pris rendez-vous avec un savant indien, qui était très connu en Europe, au point que certaines universités lui avaient accordé un poste de professeur ; nous avons décidé de nous rencontrer dans un club britannique en Inde. Lorsque l'Indien est arrivé, les Britanniques ne l'ont pas laissé entrer, au mépris de sa renommée. Ce n'est qu'après avoir découvert ce qui se passait et insisté que j'ai pu voir l'Indien dans le club."

Les Britanniques ont traité d'autres personnes avec une cruauté telle qu'elle ne pourrait être infligée à des animaux.

Leur plus grande colonie est l'Inde, où ils ont perpétré des cruautés sauvages et sadiques pendant des années ; dans la ville d'Amritsar de ce pays, un groupe d'Hindous qui s'étaient réunis pour un rite religieux n'a pas accordé le respect dû à une femme missionnaire britannique. La missionnaire s'est plainte auprès du général britannique Dyer. Le général ordonna alors à ses soldats d'ouvrir le feu sur les personnes accomplissant leur rite. Sept cents personnes ont été tuées en dix minutes, et plus de mille personnes ont été blessées. Insatisfait de ces résultats, le général obligea les gens à marcher sur leurs mains et leurs pieds comme des animaux pendant trois jours. Une plainte a été déposée et rapportée à Londres, après quoi le gouvernement a ordonné une enquête.

Lorsque l'inspecteur envoyé en Inde pour l'enquête a demandé au général pour quelle raison il avait ordonné à ses soldats d'ouvrir le feu sur des personnes sans défense, le général a répondu : "Je suis le commandant ici. Je prends les décisions concernant les exécutions militaires ici. Je l'ai ordonné parce que je l'ai jugé bon". Lorsque l'inspecteur lui a demandé quelle était la raison pour laquelle il avait ordonné aux gens de ramper face contre terre, le général a répondu :

"Certains Indiens rampent face contre terre devant leurs dieux. Je voulais qu'ils sachent qu'une femme britannique est aussi sacrée qu'un dieu hindou, et que, par conséquent, ils doivent ramper devant elle aussi, sans parler de l'insulter."

Et lorsque l'inspecteur lui a rappelé que ces personnes devaient sortir pour faire des courses et autres, la réponse du général a été la suivante :

"Si ces personnes étaient des êtres humains, elles ne ramperaient pas sur leur visage dans les rues. Ils vivent dans des maisons adjacentes avec des toits plats. Ils marcheraient sur leurs toits comme des êtres humains".

Ces déclarations du général ont été publiées par la presse britannique et le général a été déclaré héros. [Dyer, Reginald Edward Harry est né en 1281 [1864] et mort à Londres en 1346 [1927]. Les histoires du monde le mentionnent comme "le célèbre général britannique qui a réprimé les émeutes contre l'oppression britannique dans la ville d'Amritsar en transformant la ville en un lac de sang le 13 avril 1919". Lorsque de grandes manifestations de masse contre les Britanniques ont été organisées dans toute l'Inde, il a été démis de ses fonctions et mis à la retraite. Cependant, la Chambre des Lords britannique a décidé que ses actes méritaient d'être loués et qu'il devait donc être soutenu. Ce fait montre clairement comment les seigneurs et comtes britanniques considèrent les autres peuples].

Les Britanniques appliquent dans leurs colonies peuplées de Blancs et d'Européens d'origine un système administratif différent de celui par lequel ils colonisent les pays dont les habitants sont de couleur et aborigènes. Le premier groupe est privilégié, c'est-à-dire qu'il est en partie autonome. Le second groupe gémit des douleurs de la cruauté. Ce deuxième groupe de colonies, qu'ils appellent "dominions", dispose d'États autonomes dans leurs affaires intérieures, alors qu'ils sont sous domination britannique dans leurs affaires extérieures. Des exemples de ces colonies sont le Canada, l'Australie, la Nouvelle-Zélande, etc.

Les questions concernant les colonies ont été confiées à deux ministères. Il s'agit du ministère du Commonwealth et du ministère des Indes. Le ministère du Commonwealth est présidé par le secrétaire d'État au ministère des Colonies. Ce secrétaire (ou ministre) a deux conseillers et quatre assistants. L'un des conseillers est choisi parmi les membres de la Chambre des communes. L'autre conseiller et les assistants sont en poste de façon permanente. Un changement de pouvoir ne leur fera pas perdre leur fonction. L'un des quatre assistants est chargé des questions concernant le Canada, l'Australie et certaines îles, un autre est responsable de l'Afrique australe, un troisième régit l'Afrique orientale et occidentale, et le dernier a été affecté à l'Inde.

Fondé sur une base fétide, un mélange d'hostilité contre l'Islam, de despotisme, de ruse et de turpitude, l'Empire britannique se qualifiait autrefois d'État sur lequel "le soleil ne se couche jamais". Des pays comme le Canada, l'Afrique du Sud, les Fidji, les îles du Pacifique, la Papouasie, les Tonga, l'Australie, le Baloutchistan britannique, la Birmanie, Aden, la Somalie, Bornéo, Brunei, Sarawak, l'Inde, le Pakistan, le Bangladesh, la Malaisie, l'Indonésie, Hong-Kong, une partie de la Chine, Chypre, Malte, (et en 1300 [A.D. 1882]), l'Égypte, le Soudan, le Niger, le Nigeria, le Kenya, l'Ouganda, le Zimbabwe, la Zambie, le Malawi, les Bahamas, la Grenade, la Guyane, le Bostwana, la Gambie, le Ghana, la Sierra Leone, la Tanzanie et Singapour sont passés sous l'emprise britannique. Ces pays du monde ont perdu leurs religions, leurs langues, leurs coutumes et leurs traditions. En outre, leurs sources et leurs ressources ont été exploitées par les Britanniques.

À la fin de leurs invasions au XIXe siècle, l'Empire a pris possession d'environ un quart de la surface de la terre, colonisant plus d'un quart de la population de la planète.

L'Inde était la plus importante, la plus remarquable

des colonies britanniques. C'est l'énorme population indienne de plus de trois cents millions d'habitants (bien plus de sept cents millions aujourd'hui) et ses richesses naturelles inépuisables qui ont permis aux Britanniques d'asseoir leur domination universelle. Au cours de la seule Première Guerre mondiale, la Grande-Bretagne a utilisé un million et demi de la population indienne comme soldats de combat et un milliard de roupies de son trésor comme argent comptant. Ils ont utilisé la plupart de ces atouts pour écraser l'Empire ottoman. En temps de paix également, c'est l'Inde qui a permis aux stupéfiantes industries britanniques de survivre et de soutenir l'économie et les finances britanniques. Deux raisons font de l'Inde une colonie d'une importance incomparable : Tout d'abord, l'Inde était un pays où l'Islam, que les Britanniques considéraient comme le plus grand obstacle à leur exploitation du monde entier, était répandu, et les musulmans avaient le vent en poupe dans ce pays. Deuxièmement, les richesses naturelles de l'Inde.

Afin de maintenir l'Inde sous leur domination, les Britanniques ont monté des offensives sur tous les pays musulmans qui avaient des liens de transport avec l'Inde, ont semé des graines de malice et d'instigation, ont monté des frères les uns contre les autres, ont pris ces pays sous leur domination, et ont transporté toutes leurs richesses naturelles et nationales dans leur propre pays.

Le caractère perfide inhérent à la nature de la politique britannique se révèle dans le fait qu'ils ont suivi méticuleusement les mouvements dans l'Empire ottoman, ont mis les Ottomans en guerre contre les Russes en utilisant toutes sortes de stratagèmes politiques, et les ont ainsi mis dans une position où il leur serait impossible d'offrir une quelconque aide à l'Inde.

Les pionniers européens de l'Inde sont les Portugais. Débarquant dans la ville portuaire de Calcutta, dans la région côtière de Malabar, en 904 [1498], les Portugais se sont lancés dans le commerce et ont pris possession de l'activité commerciale de l'Inde, avant de la perdre au profit des Hollandais quelque temps plus tard. Ce sont les Français qui ont arraché le commerce de l'Inde aux Ducth. Ce n'est que peu de temps après, cependant, que ces derniers se sont confrontés aux Britanniques.

Comme le relate le livre As-Sawrat-ul-Hindiyya (qui signifie "la révolution indienne"), écrit par Allâma Muhammad Fadl-i-Haqq Khayr-âbâdî, l'un des plus grands érudits islamiques de l'Inde, et dans son commentaire intitulé Al-yawâkît-ul-mihriyya, c'est en l'an 1008 [1600] que les Britanniques ont réussi à obtenir la permission d'Akbar Shâh d'ouvrir des centres commerciaux à Calcutta, en Inde. La même année, la Reine Elizabeth I a sanctionné les règlements de la campagne de l'Inde orientale. Conformément à ces règlements, la campagne a reçu la permission de recruter des soldats en Grande-Bretagne, de les armer pour son propre usage, d'établir sa propre flotte et d'organiser des expéditions militaires et commerciales en Inde.

Ils ont acheté des terres à Calcutta à l'époque de Shâh-i-'Âlam I.[78] Ils ont amené des soldats sous prétexte de protéger leurs terres. Akbar Shâh était une personne corrompue en matière de croyance. Il tenait toutes les

---

[78] Shâh-i-'Âlam bin Alamgîr est décédé en 1124 [C.E. 1712].

religions pour égales. En fait, il a réuni des érudits de diverses religions et a tenté d'établir une religion commune et universelle, un mélange de toutes les religions, et a fait une annonce officielle de cette nouvelle religion, qu'il a nommée Dîn-i-ilâhî (Religion Divine), en 990 [1582]. À partir de ce moment et jusqu'à sa mort, le respect pour les érudits islamiques n'a cessé de diminuer dans toute l'Inde, en particulier dans le palais, et les personnes qui tendaient vers la religion d'Akbar Shâh étaient hautement estimées. C'est à cette époque que les Britanniques sont entrés en Inde. En échange de leur traitement médical réussi du Sultan Farrûh Sîr Shâh en 1126 [A.D. 1714], ils ont reçu le privilège d'acheter des terres où ils voulaient dans toute l'Inde. Après la montée sur le trône de Shâh-i-'Âlam II en 1174 [1760], ils étendirent leur domination du Bengale à l'Inde centrale et au Racasthan. Ils suscitèrent des méfaits et des tumultes partout en Inde. En 1218 [1803], les Britanniques parvinrent à placer Shâh-i-'Âlam II sous leur autorité. Les ordres qu'ils annonçaient depuis Delhi étaient désormais émis au nom du Shâh. Il ne leur fallut pas longtemps pour égaliser les pouvoirs du gouverneur général britannique avec ceux de Shâh-i-'Âlam II. Ils supprimèrent les noms des empereurs indiens musulmans des pièces monétaires indiennes. En 1253 [C.E. 1837] Bahâdir Shâh II devint empereur. Il ne put supporter longtemps les oppressions britanniques et, encouragé par l'armée et le peuple, commença une grande insurrection contre les Britanniques en 1274 [A.D. 1857]. Il réussit ainsi à faire frapper de la monnaie portant son nom et à faire donner la khutba en mentionnant son nom, mais la réaction des Britanniques fut extrêmement véhémente et cruelle. Entrant dans Delhi, les soldats britanniques ont dévasté la ville, saccagé les maisons et les magasins, et pillé tout ce qu'ils trouvaient au nom de la propriété et de l'argent. Ils passèrent tous les musulmans au fil de l'épée, qu'ils soient jeunes ou vieux, hommes ou femmes, adultes ou enfants. La destruction a été si massive que les habitants n'ont même pas pu trouver d'eau à boire.

Un des commandants de Bahâdir Shâh II, un général nommé Baht Khân, a persuadé le sultan de retirer son armée. Cependant, un autre commandant nommé Mirzâ Ilâhî Bakhsh, dans un effort pour s'attirer les faveurs des Britanniques, a trompé Bahâdir Shâh en lui disant que s'il quittait son armée et se rendait, il pourrait convaincre les Britanniques qu'il était innocent et qu'il avait été forcé de présider l'insurrection et qu'il serait donc pardonné par les Britanniques. Bahâdir Shâh a donc quitté le gros de son armée en retraite et a trouvé refuge dans le mausolée de Humâyûn Shâh, à dix kilomètres d'un endroit appelé Qal'a-i-Muallâ à Delhi.

Un traître du nom de Rajab Alî trahit l'empereur auprès d'un prêtre britannique du nom de Hudson, connu pour ses actes immoraux et maladroits et qui servait d'officier de renseignement dans l'armée britannique. Cet homme, à son tour, a rapporté la situation au général Wilson, le commandant de l'armée de l'époque, et lui a demandé son aide pour arrêter l'empereur. Lorsque Wilson répondit qu'il n'avait pas de mercenaires à lui prêter, Hudson suggéra qu'il pouvait faire ce travail avec quelques hommes, en précisant qu'il fallait donner à l'Empereur la garantie que lui et sa famille ne seraient pas blessés s'il se rendait. Wilson refuse d'abord cette suggestion, mais après un certain temps, il accepte. Sur ce, Hudson, prenant quatre-vingt-dix hommes avec lui, se rendit au mausolée de Humâyûn Shâh et assura l'Empereur qu'aucun mal ne serait infligé à lui, ses fils et sa femme. Cédant à la promesse du priet, Bahâdir Shâh se rendit. L'empereur avait deux fils et un petit-fils qui ne s'étaient pas encore rendus. Hudson entreprit donc de les arrêter. Mais ils avaient tellement de gardes qu'il était impossible de les arrêter. Il prit donc la permission du général Wilson de leur donner la garantie qu'ils ne seraient pas blessés s'ils se rendaient. En envoyant plusieurs messagers aux deux fils et au petit-fils de l'empereur, Hudson, le méchant, leur a assuré qu'il ne leur serait fait aucun mal. Ces personnes ont également été trompées par les mensonges du prêtre et se sont rendues. Dès que Hudson eut arrêté les deux fils et le petit-fils de l'empereur, il eut recours à une politique et à un stratagème propres aux Britanniques et les fit enchaîner.

Alors que les deux fils et le petit-fils du Shâh étaient emmenés à Delhi les mains liées, Hudson fit déshabiller les jeunes princes et les martyrisa lui-même en tirant des balles dans leurs poitrines. Il s'est abreuvé de leur sang. Il fit pendre les cadavres de ces jeunes martyrs à la porte de la forteresse afin d'intimider le peuple. Le lendemain, il envoya leurs têtes au gouverneur général britannique Henry Bernard. Puis, il fit préparer un bol de soupe avec la chair des martyrs et l'envoya au Shâh et à son épouse. Ayant très faim, ils s'empressèrent d'en mettre dans leur bouche. Mais, bien qu'ils ne sachent pas de quelle viande il s'agissait, ils ne purent ni la mâcher ni l'avaler. Au lieu de cela, ils ont vomi et ont mis les plats de soupe sur le sol. Le méchant nommé Hudson a dit :

"Pourquoi ne pas la manger ? C'est une soupe délicieuse. Je l'ai fait cuire avec la chair de vos fils."

En 1275 [1858], Bahâdir Shâh II est détrôné et

soumis à un procès judiciaire pour avoir provoqué une rébellion et un massacre d'Européens. Le 29 mars, il est condamné à la prison à vie et est banni en Indochine [Rangoon]. C'est en novembre 1279 [1862] que ce dernier sultan de l'empire islamique Ghurghânî, Bahâdir Shâh, s'éteint dans un cachot loin de son pays. D'autre part, Allâma (Muhammad) Fadl-i-Haqq a été martyrisé par les Britanniques dans un donjon des îles Andaman en 1278 [C.E. 1861].

Pendant la guerre ottomano-russe, en 1294 [C.E. 1877], les Britanniques ont déclaré l'Inde comme une dépendance britannique. En submergeant l'Empire ottoman dans cette guerre, Midhat Pâsha, membre enregistré de la fameuse Scotch Masonic Lodge, a orchestré le pire des dommages qu'il avait infligé à la religion islamique. Le fait qu'il ait martyrisé le sultan Abd-ul-'Azîz Khân est un autre service qu'il a rendu aux Britanniques. Les Britanniques avaient formé des agents spéciaux et les avaient fait nommer à des postes de haut rang dans le gouvernement ottoman. Ces hommes d'État étaient ottomans de nom mais britanniques d'esprit et de parole. Mustafa Rashîd Pâsha, le plus infâme de ces hommes, n'était en fonction en tant que dernier Grand Vizir que depuis six jours lorsqu'il a félicité les Britanniques pour le massacre de Delhi qu'ils ont perpétré sur les musulmans de l'Inde le 28 octobre 1857. Auparavant, les Britanniques avaient demandé aux Ottomans la permission d'utiliser la route égyptienne pour l'envoi des soldats britanniques venant de Grande-Bretagne pour réprimer les musulmans qui s'étaient révoltés contre la cruauté des Britanniques en Inde. La permission avait été accordée par les agents maçonniques.

Les Britanniques ont non seulement empêché l'ouverture de nouvelles écoles en Inde, mais ils ont également fermé toutes les madrasas et les écoles primaires qui étaient les fondements et les symboles les plus saillants de la Sharî'at islamique, et ils ont martyrisé tous les savants et les autorités religieuses qui auraient pu guider le peuple. À ce stade, nous estimons qu'il est approprié de raconter une histoire vraie qu'un de nos amis nous a racontée lorsqu'il revenait de ses voyages en Inde et au Pakistan en 1391 [1971].

"Après avoir visité les tombes des Awliyâ, comme l'Imâm-i-Rabbânî et d'autres 'qaddas-Allâhu sirrah' dans la ville de Serhend, je suis allé dans la ville de Pâniput, et de là à Delhi. Exécution de la prière du vendredi dans la plus grande mosquée de Pâniput. Je me suis rendu à la maison de l'imâm sur son invitation. En chemin, j'ai vu une énorme porte fermée par une chaîne aux anneaux épais. L'inscription sur la porte disait que c'était une école primaire. J'ai demandé à l'imâm pourquoi elle était fermée. L'imâm a répondu : "Elle est fermée depuis 1367 [1947]. Les Britanniques ont provoqué les hindous contre les musulmans et ont causé un massacre de tous les musulmans, femmes, hommes, enfants et vieillards, tous. Cette école est fermée depuis ce jour. Cette chaîne et ce cadenas nous rappellent la cruauté des Britanniques. Nous sommes des émigrants qui sont venus et se sont installés ici par la suite.'""

Les Britanniques ont supprimé tous les érudits islamiques, les livres islamiques et les écoles islamiques, une pratique qu'ils ont appliquée à tous les pays islamiques. Ils ont ainsi élevé des jeunes générations totalement ignorantes de la religion.

Le célèbre britannique Lord Macauley, dès son arrivée à Calcutta en 1834, a interdit toutes sortes de publications arabes et persanes et a ordonné que celles qui étaient déjà en cours d'impression soient arrêtées, et cette attitude lui a valu de nombreuses acclamations de la part de ses collègues britanniques. Cette oppression fut poursuivie avec assiduité dans les endroits à majorité musulmane, notamment au Bengale.

Tout en fermant les madrasas islamiques en Inde d'une part, les Britanniques ont ouvert cent soixante-cinq collèges, dont huit pour les filles, d'autre part. Les étudiants éduqués dans ces collèges ont subi un lavage de cerveau et ont été rendus hostiles à la religion de leurs pères, à leurs propres ancêtres. Les deux tiers de l'armée britannique qui a perpétré les cruautés et les sauvageries susmentionnées en Inde étaient constitués d'indigènes qui avaient subi un lavage de cerveau, qui avaient été rendus hostiles à leur propre nation, qui avaient été christianisés ou engagés.

Les lois qui ont été promulguées en 1249 [C.E. 1833] ont servi à l'expansion des activités missionnaires et à la consolidation de l'organisation protestante en Inde. Avant cette expansion des activités missionnaires et la soumission totale de l'Inde à la domination britannique, les Britanniques étaient respectueux de la croyance religieuse des musulmans ; ils faisaient tirer des canons pour célébrer les jours saints des musulmans, leur offraient de l'aide pour la restauration de leurs mosquées et autres lieux de culte, et participaient même aux services dans les fondations pieuses des mosquées, couvents, sanctuaires et madrasas. Les messages impératifs arrivés de Grande-Bretagne en 1833 et 1838 interdisaient aux Britanniques toute activité de ce genre.

Comme ces faits le montrent clairement, la politique employée par les Britanniques dans leurs attaques contre la religion islamique est basée sur la tromperie des musulmans du monde entier en prétendant d'abord être amicaux et utiles et en répandant l'impression qu'ils aiment les musulmans et servent l'islam, puis, après avoir atteint cet objectif secondaire, en annihilant progressivement et insidieusement tous les éléments essentiels, les livres, les écoles et les savants islamiques. Cette politique à double visage a causé le plus grand tort aux musulmans et a pratiquement exterminé l'islam. Plus tard, ils ont redoublé d'efforts pour faire adopter l'anglais comme langue officielle et former de nouvelles générations christianisées à partir des autochtones. À cette fin, ils ont ouvert des écoles entièrement sous le contrôle des missionnaires. En fait, le premier ministre britannique Lord Palmerston et de nombreux autres lords britanniques ont déclaré que

"Dieu a donné l'Inde aux Britanniques afin que le peuple indien puisse bénéficier des bienfaits du christianisme."

Lord Macauley a dépensé toute son énergie et son soutien pour constituer en Inde une nation britannique qui soit indienne par le sang et la couleur et britannique par les inclinations, les pensées, les croyances, les valeurs morales et la capacité mentale. Par conséquent, les écoles ouvertes par les missionnaires accordaient beaucoup d'importance et de temps dans leurs programmes à l'enseignement de la langue et de la littérature anglaises et du christianisme. Les connaissances scientifiques (comme les mathématiques, la physique, la chimie, etc.) étaient totalement ignorées. Ainsi, un certain nombre de personnes christianisées qui ne connaissaient que la langue et la littérature anglaises ont été éduquées et produites. Ces personnes ont ensuite été employées dans la fonction publique.

La règle islamique voulant qu'un musulman qui abandonne sa foi devienne un apostat, tandis que les hindous considèrent comme irréligieux ceux qui se détournent de l'hindouisme, les personnes christianisées ne pouvaient pas hériter des biens de leurs parents. Afin d'éliminer cette règle, les missionnaires ont adopté une loi, qui a d'abord été promulguée au Bengale, en 1832, puis dans toute l'Inde, en 1850, permettant ainsi aux autochtones apostats et renégats christianisés d'avoir une part de l'héritage de leurs parents. Pour cette raison, les Indiens ont appelé les écoles britanniques en Inde des registres sataniques. (En Inde et dans l'Empire ottoman, les bureaux et institutions officiels étaient appelés Defter [registre]). L'écrivain français Marcelle Permeau a visité l'Inde en 1344 [1925] et a publié un livre à son retour. Il dit dans ce livre :

" Calcutta, la principale ville de l'Inde, était dans un état de misère tel que les purlieus des environs de Paris et de Londres seraient loin de l'illustrer. Des gens et des animaux vivant ensemble dans des cottages, des enfants qui pleurent, des malades qui gémissent. À côté d'eux, on voit des gens complètement épuisés par la consommation continue d'alcool et de drogues, qui s'étalent sur le sol comme s'ils étaient morts. En regardant ces gens extrêmement affamés, misérables, faibles et épuisés, on ne peut s'empêcher de se demander ce que ces gens peuvent bien faire.

"Des nuées de gens déferlent vers les usines, et combien de leurs bénéfices ces usines payent-elles à ces gens ? Les besoins, les difficultés, les maladies infectieuses, l'alcool et les drogues détruisent, anéantissent les gens déjà affaiblis, sans défense. Nulle part ailleurs sur terre la vie humaine n'a été traitée avec une indifférence aussi éhontée qu'ici. Aucun travail, aucun labeur n'est considéré comme dur ou malsain ici. Ce n'est pas un problème si un travailleur meurt. Un autre prendra sa place. La seule préoccupation des Britanniques ici est de savoir comment augmenter les taux de production et comment gagner toujours plus d'argent."

Williams Jennings Bryan, ancien ministre américain des Affaires étrangères, confirme, preuves à l'appui, que le gouvernement britannique est plus cruel et plus bas que la Russie ; les déclarations qu'il fait dans son livre British Domination in India peuvent être paraphrasées comme suit :

"Les Britanniques, qui prétendent avoir accordé le bien-être et le bonheur aux vivants du peuple indien, ont envoyé des millions d'Indiens dans leur tombe. Cette nation (les Britanniques), qui se vante partout d'avoir institué des tribunaux et des forces disciplinaires, a volé l'Inde jusqu'à la moelle par un détournement politique. Le terme "vol" peut sembler un peu trop dur, mais aucun autre mot ne pourrait décrire l'atrocité britannique de manière plus explicite.

"La conscience du peuple britannique, qui se dit chrétien, n'est pas disposée à entendre l'appel au secours des musulmans indiens".

Monsieur Hodbert Keombtun dit dans son livre Life of the Indian,

"L'Indien est tourmenté par son maître [les

Britanniques], mais il continue à travailler et à servir jusqu'à ce qu'il perde tout ce qu'il a, jusqu'à ce qu'il meure."

Les travailleurs indiens musulmans employés dans les autres colonies britanniques étaient dans des conditions encore pires. En 1834, les industriels britanniques ont commencé à employer des travailleurs indiens plutôt que des indigènes africains. Des milliers de musulmans ont été transportés de l'Inde vers les colonies d'Afrique du Sud. La position de ces travailleurs, qui étaient appelés coolies, était pire que celle des esclaves. Ils étaient liés par un contrat appelé indentured labour. Selon ce contrat, le coolie était engagé pour cinq ans. Pendant cette période, il ne pouvait pas quitter son travail ni se marier ; il devait travailler jour et nuit en étant continuellement fouetté. En outre, il était soumis à une imposition de trois pièces d'or britanniques par an.

"Ces faits ont été annoncés dans le monde entier par des publications telles que *Labour in India*, Post-Lecturer in the University of New York."

Gandhi, un dirigeant indien très connu, a reçu son éducation en Grande-Bretagne et est retourné en Inde. Il était le fils d'un Indien christianisé. En fait, son père était l'archevêque de la ville de Porbandar. Lorsqu'en 1311 [1893], il a été envoyé en Afrique du Sud par une société britannique en Inde et qu'il a été témoin des conditions difficiles dans lesquelles les Indiens étaient employés et des traitements barbares qu'ils subissaient, il s'est battu contre les Britanniques. Bien qu'il soit le fils d'une personne élevée et même christianisée par les Britanniques, il ne pouvait supporter la vue de cette cruauté et de cette sauvagerie britannique. C'est le premier pas vers le mouvement qui lui vaudra plus tard sa renommée.

La base de la politique que les Britanniques ont suivie dans tout le monde musulman consiste en ce slogan de trois mots :

"briser, dominer et détruire leur foi".

Ils n'ont pas hésité à remplir toutes les exigences de cette politique, quelle qu'elle soit.

La première chose qu'ils ont faite en Inde a été de trouver les personnes qui les serviraient. En utilisant ces personnes, ils ont lentement allumé le feu de la malice. Les personnes les plus appropriées à cet effet étaient les Hindous vivant sous la domination des Musulmans ; ils ont donc utilisé ces personnes. Les Hindous menaient une vie paisible sous la domination équitable des Musulmans, lorsque les Britanniques les approchèrent et leur inculquèrent progressivement l'idée que les Hindous étaient les véritables propriétaires de l'Inde, que les Musulmans avaient tué les dieux hindous au nom du sacrifice religieux, et qu'il faudrait bientôt mettre fin à cette pratique. Les Hindous étaient maintenant du côté des Britanniques. Ils employèrent certains d'entre eux comme mercenaires. Ainsi, la nescience hindoue et l'hostilité britannique contre l'Islam et l'avarice de l'argent furent réunis pour mettre en œuvre le conseil de la reine Elizabeth pour la formation d'une armée. La discorde fut semée entre les gouverneurs musulmans et les maharajahs hindous. Pendant ce temps, on engageait parmi les musulmans des personnes relâchées dans leur foi.

Le britannique Sir Lord Strachey, qui a servi de régent à plusieurs reprises et qui était membre de l'(Organisation indienne), déclare à propos de l'inimitié entre musulmans et hindous :

"Tout ce qui sera fait pour dominer ou semer la discorde est compatible avec la politique de notre gouvernement. Le plus grand soutien de notre politique en Inde est la coexistence de deux sociétés autonomes qui sont hostiles l'une à l'autre."

Aggravant cette hostilité, les Britanniques ont soutenu les Hindous de manière continue de 1164 [1750 A.D.] à 1287 [1870 A.D.], et se sont joints à eux dans tous les massacres de musulmans qu'ils ont perpétrés.

À partir de 1858, les conflits entre musulmans et hindous ne cessent de prendre de l'ampleur. Les Britanniques provoquaient les Hindous contre les Musulmans, puis s'asseyaient et profitaient des combats pendant que les Hindous attaquaient. Il ne se passait pas une seule année sans que des événements sanglants et des tumultes malveillants n'éclatent à l'occasion de l'abattage d'une vache en guise de sacrifice religieux et n'entraînent le massacre de centaines, voire de milliers de musulmans. Afin d'attiser le mal par les deux bouts, ils ont, d'une part, répandu parmi les musulmans la croyance que tuer une vache en sacrifice serait plus pieux que de tuer sept moutons, et, d'autre part, ils ont fait courir le bruit parmi les hindous que sauver leurs dieux bovins de la mort leur vaudrait de nombreuses récompenses dans l'autre monde. Ces méfaits ont continué après leur retrait de l'Inde. Nous voudrions illustrer ce fait en relatant un événement écrit dans un magazine intitulé Ittilâ'at, qui était publié en Iran à l'époque de son premier ministre Musaddiq.

Un jour de Qurbân[79], deux musulmans barbus portant turbans et longues robes achetèrent une vache pour la tuer en sacrifice. Alors qu'ils passaient devant un quartier hindou sur le chemin du retour, un hindou les arrêta pour leur demander ce qu'ils allaient faire de la vache. Lorsqu'ils ont répondu qu'ils allaient la tuer en guise de sacrifice, l'hindou s'est mis à crier :

"Hé, les gens ! Au secours ! Ces hommes vont sacrifier notre dieu".

Et les deux musulmans ont également crié :

"O musulmans ! Au secours ! Ces hommes vont s'emparer de notre sacrifice."

Hindous et musulmans se sont rassemblés autour de l'endroit et ont commencé à se battre en utilisant des bâtons et des couteaux. Des centaines de musulmans ont été tués. Plus tard, cependant, les deux personnes qui avaient emmené la vache à travers le quartier hindou ont été vues en train de disparaître dans l'ambassade britannique. Cela revient à dire que cet événement a été provoqué par les Britanniques. Le correspondant qui relate cet événement ajoute :

---

[79] L'un des jours saints des musulmans au cours duquel ils abattent un mouton, une vache ou un chameau en guise de sacrifice religieux.

"Nous savons comment vous avez gâché le jour de Qurbân des musulmans".

Avec des ruses de ce genre et d'innombrables autres types de cruauté, ils ont essayé de détruire les musulmans.

Plus tard, lorsqu'ils ont vu que les Hindous se soulevaient progressivement contre eux, ils ont commencé, en 1287 [1870], à soutenir les musulmans contre les Hindous.

Il y avait des gens étranges qui portaient des noms musulmans mais qui étaient hostiles aux Ahl as-sunna, qui disaient que ce n'était pas obligatoire de faire le Jihâd avec l'épée, qui disaient 'halâl' sur ce que l'Islam a prescrit comme étant harâm, et qui essayaient de changer les principes de croyance de l'Islam. Sir Sayyed Ahmad, Ghulâm Ahmad Qâdiyânî, Abdullah Ghaznawî, Ismâ'îl-i-Dahlawî, Nazîr Huseyn Dahlawî, Siddiq Hasan Khân Pehûpâlî, Rashîd Ahmad Kenkuhî, Wahîd uz-zamân Haydar Âbâdî, Ashraf Alî Tahânawî, et Muhammad Is-haq, qui était le petit-fils de Shâh Abd-ul-azîz, ne sont que quelques-unes de ces personnes. En soutenant ces personnes, les Britanniques ont provoqué l'apparition d'autres nouvelles sectes. Ils se sont efforcés de faire en sorte que les musulmans suivent ces sectes.

La plus notoire de ces sectes était la Qâdiyânî, qui apparut en 1296 [1879]. Son fondateur, Ghulâm Ahmad, disait qu'il n'était pas obligatoire (commandement de l'islam) de faire le Jihâd (guerre sainte) au moyen d'armes et que le Jihâd qui était obligatoire était un conseil. De même, l'espion britannique Hempher a dit à Muhammad de Najd.

Ghulâm Ahmad était un hérétique appartenant au groupe Ismâ'îlî. Il est mort en 1326 [C.E. 1908]. Les Britanniques l'ont engagé pour une somme d'argent considérable. Auparavant, il prétendait être un Mujaddîd ; puis il a promu sa prétention d'être le Mahdî promis ; son étape suivante a été d'affirmer qu'il était Jésus le Messie. Enfin, il a annoncé qu'il était un Prophète et qu'une nouvelle religion lui avait été révélée. Il appelait les gens qu'il avait réussi à tromper son "ummat", affirmait que de nombreux âyats l'avaient prédit et qu'il avait accompli plus de miracles que tout autre prophète. Il affirmait que ceux qui ne voulaient pas le croire étaient des mécréants. Sa secte se répandit parmi les ignorants du Pendjab et de Bombay. La secte Qâdiyânî se répand encore sous le nom de mouvement Ahmadiyya en Europe et en Amérique.

Les musulmans sunnites disaient qu'il était obligatoire d'accomplir le Jihâd par les armes et que c'était une hérésie de servir les Britanniques. Les musulmans qui prêchaient ou conseillaient cela étaient punis avec véhémence et pour la plupart tués. Les livres sunnites furent rassemblés et détruits.

Les érudits islamiques qui ne pouvaient pas être engagés ou qui ne servaient pas les objectifs britanniques seraient isolés de la communauté musulmane. Ils ne seraient pas exécutés de peur de devenir célèbres, mais ils seraient condamnés à la prison à vie dans les célèbres donjons des îles Andaman. Tous les érudits islamiques arrêtés dans toute l'Inde sous prétexte qu'ils avaient collaboré avec les rebelles pendant la révolution ont été envoyés dans les mêmes cachots. [De même, lorsqu'ils ont envahi Istanbul après la Première Guerre mondiale, ils ont banni les Pâshas et les savants ottomans sur l'île de Malte].

Afin que les musulmans ne remarquent pas leur rancune envers l'Islam, ils ont reçu des fatwâs définissant l'Inde comme un Dâr-ul-islâm et non comme un Dâr-ul-harb, et ont répandu ces fatwâs partout.

Les hypocrites qu'ils avaient formés et nommés savants propageaient l'impression que les sultans ottomans n'étaient pas des khalîfas, que le califat appartenait de droit aux Qoureishis, que les sultans ottomans avaient pris possession du califat par la force et qu'il ne fallait donc pas leur obéir.

[Le hadîth-i-sherîf, "Le Khalîfa sera de la tribu des Qoureish, (de leurs descendants)", signifie : "S'il y a des Qoureishis, [par exemple des sayyids], parmi les gens qui méritent d'être et remplissent les conditions pour être le Khalîfa, vous devriez préférer (l'une de) ces personnes". S'il n'y a pas une telle personne, quelqu'un d'autre doit être élu. Si une personne n'a pas été élue Khalîfa, ou a refusé d'obéir au Khalîfa élu et a pris le pouvoir en utilisant la force ou la violence, cette personne devra être obéie. Il ne peut y avoir qu'un seul Khalîfa sur la terre. Tous les musulmans doivent lui obéir].

Afin d'extirper les enseignements religieux et de démolir l'Islam de l'intérieur, ils ont ouvert une madrasa pour l'enseignement des connaissances islamiques et une université islamique à Aligarh. Dans ces écoles, ils ont formé des hommes religieux qui ne connaissaient pas la religion et étaient hostiles à l'Islam. Ces personnes ont causé de grands torts à l'Islam. Un groupe de ces personnes a été choisi, envoyé en Grande-Bretagne, formé de manière à démolir l'islam de l'intérieur, et amené à des postes gouvernementaux où ils présideraient les musulmans. Ayyub Khân, qui fut nommé président du Pakistan à la place de M. Jinnah, était l'un d'eux.

Bien que les Britanniques semblent avoir été l'un des vainqueurs de la Seconde Guerre mondiale, ils ont en fait perdu la guerre. En fait, la Grande-Bretagne, "un empire sur lequel le soleil ne se couche jamais", comme les Britanniques appelaient leur pays, est devenue "un pays où le soleil ne se lève jamais" après la guerre. Ayant perdu toutes ses colonies, elle était comme une poule déplumée.

Ali Jinnah, qui devint président du Pakistan, était un chiite et un fan des Britanniques. À sa mort en 1367 [1948], Ayyub Khân, un franc-maçon, a pris le pouvoir en organisant un coup d'État. Yahyâ Khân, qui a pris la place de ce mécréant, était un chiite bigot. Lorsqu'il fut vaincu dans la guerre entre le Pakistan et l'Inde au début de 1392 [C.E. 1972], il perdit le contrôle du Pakistan oriental et fut emprisonné. En 1971, Yahyâ Khân a remis le gouvernement à Zulfikâr Ali Bhutto, qui était un autre agent britannique éduqué et formé en Grande-Bretagne. En 1974, l'ordre qu'il donne pour le meurtre de ses adversaires lui coûte sa propre exécution.

Ziya-ul-Haqq, qui a pris le pouvoir en chassant Zülfikâr Ali Bhutto, était assez perspicace pour percevoir les plans des ennemis visant à détruire l'Islam et à anéantir les musulmans ; il ne voulait pas réaliser leurs désirs. Il s'est efforcé de faire progresser son pays dans les domaines de la science, de la technologie et des arts. Sachant très bien que l'Islam est la seule source de bien-être et de prospérité pour les individus, pour les familles, pour la société et pour la nation entière, il pensait à faire des lois compatibles avec la Sharî'at. Il décida de soumettre cette question à son peuple. Un référendum fut organisé et le peuple vota pour la proposition.

Les bandits britanniques ont rendu un autre service à leurs maîtres en assassinant Ziya-ul-Haqq et toute sa suite. Quelque temps plus tard, la fille d'Ali Bhutto est devenue Premier ministre et a libéré tous les bandits qui avaient été emprisonnés pour divers crimes contre l'État, le peuple et l'islam. Elle les nomma à des postes administratifs élevés. Les tumultes et les conflits ont commencé au Pakistan. Cet état de fait était ce que les Britanniques souhaitaient.

Après la Première et la Seconde Guerre mondiale, dans de nombreux pays, les Britanniques ont placé à des postes élevés des personnes chargées d'exécuter les plans et de protéger les intérêts britanniques. Ces pays ont eu leurs propres hymnes nationaux, drapeaux nationaux et présidents, mais ils n'ont jamais atteint la liberté de religion.

Au cours des trois derniers siècles, toute forme de trahison commise à l'encontre du monde turc et islamique a eu pour origine les comploteurs britanniques.

Ils ont démoli l'Empire ottoman et établi vingt-trois grands et petits États sur ses terres. Leur but était d'empêcher les musulmans d'établir un grand et puissant État.

Ils ont toujours fomenté des hostilités et des guerres entre des pays dits islamiques. Par exemple, ils ont rendu les neuf pour cent de Nusayrîs dominants en Syrie, où les Sunnîs sont majoritaires. En 1982, les forces armées ont attaqué les villes de Hama et Humus, dévastant les deux villes et bombardant les musulmans sunnites désarmés et sans défense.

Ils ont tué les vrais savants sunnites, détruit les livres islamiques, y compris les copies du Qur'ân al-kerîm. À la place de ces érudits islamiques, ils ont fait venir des personnes hérétiques et ignorantes en matière de religion qu'ils avaient formées. Parmi ces gens :

Jamâladdîn Afghânî est né en Afghanistan en 1254 [1838]. Il lisait des livres de philosophie. Il espionne l'Afghanistan pour le compte des Russes. Il se rendit en Égypte, où il devint franc-maçon et fut nommé chef de la loge maçonnique. Adip Is-haq d'Egypte déclare dans son livre Ed-durer qu'il était le chef de la loge maçonnique du Caire. Il est indiqué comme suit à la cent vingt-septième page du livre *Les Francs-Maçons*, qui a été imprimé en France en 1960 :

"Jamâladdîn Afghânî fut nommé chef des loges maçonniques fondées en Égypte, et Muhammad Abdoh lui succéda. Ils ont apporté une aide considérable à la diffusion de la franc-maçonnerie parmi les musulmans."

Alî Pâsha, Grand Vizir à cinq reprises sous les règnes du Sultân Abd-ul-Majîd et du Sultân Abd-ul-'Azîz, était un franc-maçon affilié à la loge britannique. Il a invité Afghânî à Istanbul. Il lui a donné quelques devoirs. Le recteur de l'université d'Istanbul de l'époque, Hasan Tahsin, qui avait été déclaré hérétique par une fatwâ, fit prononcer des discours à Afghânî. Hasan Tahsin avait, à son tour, été formé par le Grand Vizir Mustafa Rashîd

Pâsha, membre affilié de la loge maçonnique britannique. Afghânî s'efforça de diffuser ses idées hérétiques au loin et à proximité. Hasan Fehmi Efendi, le Shaikh-ul-islâm de l'époque, confuta Afghânî et prouva qu'il était un hérétique ignorant ; par conséquent, Alî Pâsha dut l'expulser d'Istanbul. Cette fois, il essaya de promulguer ses idées de révolution et de réforme religieuse en Egypte. Il prétendit soutenir les comploteurs d'A'râbî Pâsha contre les Britanniques. Il se lia d'amitié avec Muhammad Abdoh, qui était le Muftî d'Egypte à cette époque. Il le corrompit avec ses idées de réformes de l'Islam. Soutenu par des loges maçonniques, il commença à publier un périodique à Paris et à Londres. Puis il se rendit en Iran. Là non plus, il n'a pas voulu se comporter correctement. Par conséquent, il a été attaché avec des chaînes et laissé quelque part sur la frontière ottomane. Libéré d'une manière ou d'une autre, il se rendit à Bagdad, puis à Londres, où il écrivit des articles fustigeant l'Iran. Puis il est retourné à Istanbul et a utilisé la religion comme un moyen de parvenir à des fins politiques en coopérant avec les Bahâîs en Iran.

La plus célèbre des victimes qui se laissa prendre aux propagations de Jamâladdîn Afghânî destinées à démolir l'Islam de l'intérieur sous le manteau d'un homme religieux, fut Muhammad Abdoh, né en Egypte en 1265 [1849], et mort dans ce pays en 1323 [1905]. Passant une partie de sa vie à Beyrouth, il partit pour Paris, où il rejoignit les activités de Jamâladdîn Afghânî prescrites par les loges maçonniques. Ils commencèrent à publier un périodique nommé Al-urwat-ul-Wuthqâ. Puis il revint à Beyrouth et en Egypte, s'efforçant d'exécuter dans ces lieux les décisions prises par la loge maçonnique de Paris. Soutenu par les Britanniques, il devint le Muftî du Caire et adopta une attitude offensive envers les Ahl as-sunna. La première mesure qu'il prit dans ce sens fut de souiller et de gâcher les programmes de la madrasa Jâmi'ul az-har, empêchant ainsi l'enseignement de précieuses connaissances religieuses à la jeune génération. Il a fait abroger les leçons enseignées au niveau universitaire et a mis dans leurs programmes l'enseignement des livres qui étaient actuellement enseignés au niveau secondaire. Dépouillant les écoles de leur capacité à être des lieux de savoir d'une part, il vitupère d'autre part les savants de l'Islam, promet que ces savants entravent l'enseignement des connaissances scientifiques et prétend qu'il enrichira l'Islam en y ajoutant ces connaissances. Il a écrit un livre intitulé "Islam et christianisme", dans lequel il déclare :

"Toutes les religions sont les mêmes. Elles ne sont différentes que par leur apparence extérieure. Les juifs, les chrétiens et les musulmans doivent se soutenir mutuellement."

Dans une lettre qu'il a écrite à un prêtre de Londres, il dit :

"J'espère voir les deux grandes religions, l'islam et le christianisme, main dans la main, s'embrassant mutuellement. Alors, la Torah, la Bible et le Coran deviendront des livres qui se soutiennent mutuellement, qui seront lus partout et respectés par toutes les nations."

Il ajoute qu'il a hâte de voir les musulmans lire la Torah et la Bible.

Dans son interprétation de Qur'ân al-kerîm, qu'il a écrite en collaboration avec Shaltut, le directeur de Jâmi'ul az-har, il donne la fatwâ affirmant que l'intérêt bancaire est permis. Plus tard, craignant de s'attirer les foudres des musulmans, il prétend s'être désolidarisé de cette opinion.

Hannâ Abû Râshid, président des loges maçonniques à Beyrouth, fait la reconnaissance suivante dans la cent quatre-vingt-dix-septième page de son livre *Dâira-tul-ma'ârif-ul-masoniyya*, qu'il a publié en 1381 [A.D. 1961] :

"Jamâladdîn Afghânî était le chef de la loge maçonnique en Égypte. La loge comptait près de trois cents membres, dont la plupart étaient des savants et des hommes d'État. Après lui, Muhammad Abdoh, l'imâm, le maître, devint le chef. Abdoh était un grand franc-maçon. Personne ne pouvait nier le fait qu'il a promu l'esprit maçonnique dans tous les pays arabes."

Un autre mécréant notoire que les Britanniques présentent comme un érudit islamique dans toute l'Inde est Sir Sayyed Ahmad Khân. Il est né à Delhi en 1234 [1818]. Son père avait émigré en Inde pendant le règne d'Akbar Shâh. En 1837, il commença à travailler comme secrétaire pour son oncle paternel, juge dans un tribunal britannique à Delhi. Il a été nommé juge en 1841 et a été promu à un poste de juge supérieur en 1855.

Un autre soi-disant homme religieux éduqué par les Britanniques en Inde est Hamîdullah. Il est né en 1326 [1908] à Haydarâbâd, où le groupe Ismâ'îlî était majoritaire. Il a été élevé dans le groupe Ismâ'îlî et, par conséquent, comme un adversaire fanatique des Ahl as-sunna. Il est membre de l'institution de recherche appelée CNRS à Paris. Il s'efforce de présenter Muhammad 'alaihis-salâm' comme le Prophète pour les musulmans seulement.

Dans leur guerre pour anéantir l'Islam, l'arme la plus efficace utilisée par les Britanniques pour tromper les Musulmans zélés à servir leur pays et leur nation était la méthode consistant à propager que l'Islam devait être adapté au temps, modernisé et restauré à sa pureté originelle, ce qui visait à nouveau à établir une société irréligieuse. Le Shaikh-ul-islâm Mustafa Sabri Efendi, un grand savant islamique, était l'un de ceux qui avaient très bien perçu cela. En déclarant : "Abroger les madh-habs signifie construire un pont menant à l'irréligiosité", il a élucidé quels étaient leurs véritables objectifs.

Les Britanniques et les autres ennemis de l'Islam se sont efforcés assidûment de corrompre les couvents de derviches et les voies du Tasawwuf. Ils se sont efforcés d'anéantir l'Ikhlâs, qui est la troisième composante de la Sharî'at. Les dirigeants supérieurs du Tasawwuf ne se sont jamais occupés de politique, et n'attendaient aucun avantage mondain de qui que ce soit. La plupart de ces grands personnages étaient des mujtahids profondément érudits. Car "tasawwuf" signifie suivre la voie guidée par Muhammad "alaihis-salâm". En d'autres termes, cela signifie observer strictement la Sharî'at dans tout ce que l'on dit ou fait, dans tout. Cependant, depuis longtemps, des ignorants, des pécheurs, et même des agents étrangers, afin d'atteindre leurs vils objectifs, ont institué diverses guildes en utilisant les noms de grands hommes du Tasawwuf, et ont ainsi provoqué l'effondrement, la détérioration de la religion islamique et de sa Sharî'at. Dhikr, (par exemple), signifie se souvenir d'Allâhu ta'âlâ. C'est essentiellement l'affaire du cœur. Le dhikr purifie le cœur de toute sorte d'amour sauf celui d'Allâhu ta'âlâ, comme l'amour du monde ou des autres créatures, et ainsi l'amour d'Allah s'installe fermement dans le cœur. Ce n'est pas du dhikr pour un certain nombre de personnes, hommes et femmes, de se réunir et d'articuler des sons étranges au nom du dhikr. La voie suivie par ces hommes supérieurs de la religion, par les As-hâb-i-kirâm, a déjà été oubliée. Ahmad Ibni Taymiyya, un hérétique sans Madhhab certain et un ennemi du Tasawwuf, a été déclaré savant islamique. Une nouvelle secte, à savoir le wahhâbîisme, a été créée pour suivre son sillage. Avec l'appui des Britanniques et par le biais des centres wahhabites qu'ils ont fondés dans le monde entier et appelés Râbita-t-ul 'âlam-il-islâmî, des livres diffusant le wahhabisme ont été publiés dans tous les pays. Les immenses bâtiments qu'ils ont construits dans tous les pays étaient ornés de panneaux indiquant : "Ibni Taymiyya Madrasa". Un mélange des idées hérétiques contenues dans les livres d'Ibni Taymiyya et des mensonges colportés par l'espion britannique nommé Hempher fut appelé le Wahhâbîisme. Les érudits d'Ahl as-sunnat, de vrais musulmans, ont écrit de nombreux livres informant que les livres d'Ibni Taymiya sont hérétiques. L'un de ces livres est intitulé *al-Maqâlât-us-sunniyya fî kashf-i-dalâlât-i — Ahmad Ibni Taymiyya*, par Shaikh 'Abd-ur-Rahmân 'Abdullah bin Muhammad Harrî, un savant somalien. Ce savant est né à Harar, en Somalie (aujourd'hui en Éthiopie) en 1339 [1920 A.D.]. Son livre a été imprimé et publié à Beyrouth en 1414 [1994]. Le livre fournit un compte rendu détaillé des savants qui ont réfuté Ibni Taymiyya et aussi des livres précieux écrits par ces savants. L'inimitié contre le Tasawwuf est la vilenie commune de toutes les sectes hérétiques appelées Wahhâbîisme, Lâ-madhhabîisme, Réformisme, Salafiyya, Mouvement Qâdiyânî, Mawdûdîisme, et Tablîgh-i-jamâ'at, qui ont toutes été établies et organisées par des comploteurs britanniques.

Les ennemis de l'Islam, en particulier les Britanniques, ont employé toutes sortes de méthodes pour retarder les musulmans dans le domaine de la science et de la technologie. Les musulmans étaient empêchés de pratiquer le commerce et les arts. Des atrocités telles que les boissons alcoolisées, les indécences, les réjouissances et les jeux de hasard ont été encouragées et popularisées afin de gâcher les belles qualités morales existant dans les pays islamiques et d'anéantir les civilisations islamiques. Les femmes byzantines, arméniennes et autres non-musulmanes étaient employées comme agents de dépravation. Les jeunes filles étaient incitées à perdre leur chasteté au moyen de leurres resplendissants, tels que des maisons de couture, des cours de danse et des écoles de formation de mannequins et d'actrices. Les parents musulmans ont encore beaucoup à faire à cet égard. Ils doivent être très vigilants pour ne pas laisser leurs enfants tomber dans les pièges tendus par ces impies.

Vers ses années de déclin, l'Empire ottoman a envoyé des étudiants et des hommes d'État en Europe. Certains de ces étudiants et hommes d'État ont été persuadés de rejoindre des loges maçonniques. Ceux qui devaient apprendre la science et la technologie se voyaient enseigner des techniques pour démolir l'Islam et l'Empire ottoman. Parmi ces personnes, celle qui a fait le plus grand mal à l'Empire et aux musulmans est Mustafâ Rashîd Pâsha. Son séjour à Londres a été entièrement consacré à le discipliner en tant qu'ennemi avoué et insidieux de l'Islam. Il coopéra avec les loges maçonniques écossaises. Il était trop tard lorsque le Sultân, Mahmûd Khân, prit conscience des actes de trahison de Mustafâ Rashîd Pâsha et ordonna qu'il soit exécuté ; car le reste de sa vie n'était pas assez long pour qu'il puisse faire exécuter son ordre. Après la mort du Sultân, Mustafâ Rashîd Pâsha et ses collègues retournèrent à Istanbul et firent à l'Islam et aux Musulmans le plus grand mal qu'ils aient jamais subi.

Abd-ul-majîd Khân, qui devint le Pâdishâh en 1255 [1839], était encore dans sa dix-huitième année. Il était trop jeune et tout à fait inexpérimenté. Aucun des savants qui l'entouraient ne l'a mis en garde. C'est cet état qui provoqua le déplorable tournant de l'histoire ottomane et amena l'Empire tout entier à un rythme déclinant dont il ne put jamais se relever. Le jeune empereur, crédule et au cœur pur, s'est laissé prendre aux cajoleries des Britanniques, les redoutables et insidieux ennemis de l'Islam, et a nommé à des postes administratifs des ignorants formés par les maçons écossais. Il était trop immature pour percevoir leur politique de démolition de l'État de l'intérieur. Et il n'y avait personne pour le mettre en garde. Lord Rading, un membre rusé de l'organisation maçonnique écossaise, qui avait été établie en Grande-Bretagne dans le but de démolir l'Islam, fut envoyé à Istanbul en tant qu'ambassadeur britannique. Avec des déclarations fumeuses telles que "Si vous nommiez ce vizir cultivé et prospère au poste de Grand Vizir, tous les désaccords entre l'Empire britannique et votre grand Empire seraient résolus, et le grand Empire ottoman ferait des progrès dans les domaines économique, social et militaire", il parvint à persuader le Khalifa.

Dès que Rashîd Pâsha a pris possession de la position de Grand Vizir en 1262 [1846], il a commencé à ouvrir des loges maçonniques dans les grandes villes, en utilisant comme base de son action la loi dite de Tanzîmât [réorganisation], qu'il avait préparée en coordination avec Lord Rading alors qu'il était ministre des Affaires étrangères en 1253 et officiellement promulguée en 1255. Les maisons d'espionnage et de trahison commencèrent à fonctionner. Les jeunes gens étaient éduqués sans aucune connaissance religieuse. Suivant les plans dictés depuis Londres, ils exécutèrent, d'une part, des réorganisations administratives, agricoles, militaires, utilisant ainsi ces activités comme show business pour détourner l'attention du public, et, d'autre part commencèrent à dévaster la moralité islamique, l'amour des ancêtres et l'unité nationale. Ils ont formé des agents adaptés à leurs objectifs et les ont placés à des postes administratifs importants. Dans ces années-là, l'Europe faisait des progrès gigantesques en physique et en chimie. De nouvelles découvertes et améliorations étaient faites, et de formidables usines et écoles techniques étaient construites. Toutes ces rénovations étaient négligées par les Ottomans. Au contraire, des matières telles que les sciences, l'arithmétique, la géométrie et l'astronomie, qui figuraient au programme du système des madrasas depuis le règne de Fâtih (Muhammad le Conquérant d'Istanbul), furent abrogées une fois pour toutes. Ainsi, l'éducation des savants scientifiques fut entravée sous le sophisme selon lequel "les hommes de religion n'auraient pas besoin de connaissances scientifiques." Ensuite, les ennemis de l'Islam qui sont venus par la suite ont essayé d'éloigner les enfants musulmans de l'Islam en disant que "les hommes de religion ne connaissent pas la science. Ils sont donc des ignorants, des arriérés". Tout ce qui était nuisible à l'islam et aux musulmans serait appelé "moderne" et "progressiste". Chaque loi votée serait contre l'État. Les Turcs, les véritables propriétaires du pays, seraient traités comme des citoyens de seconde zone.

Alors que les musulmans qui n'effectuaient pas leur service militaire étaient condamnés à des amendes très élevées qu'ils n'étaient pas en mesure de payer, les non-musulmans devaient payer des amendes insignifiantes pour la même infraction. Pendant que les vrais enfants de ce pays étaient martyrisés dans les guerres inventées par les Britanniques, les industries et les commerces du pays étaient progressivement transférés entre les mains des non-musulmans et des francs-maçons à la suite des intrigues menées par Rashîd Pâsha et ses sbires maçons.

Alléguant que le tsar russe Nicolas Ier provoquait la communauté orthodoxe de Jérusalem contre les catholiques, les Britanniques incitèrent l'empereur des Français Bonaparte III, déjà nerveux face à une probable puissance russe en Méditerranée, à se joindre à la guerre de Crimée entre les Turcs et les Russes. Cette coopération, qui était en réalité destinée aux intérêts britanniques, fut présentée au peuple turc comme le résultat des exploits diplomatiques de Rashîd Pâsha. C'est le Sultân lui-même, encore lui, qui fut le premier à prendre conscience de ces stratégies destructrices que les ennemis s'efforçaient de dissimuler sous des annonces faussement ornées et l'ostentation d'une amitié contrefaite. Il éprouvait un remords si amer que, de temps à autre, il s'enfermait dans sa partie privée du palais et sanglotait amèrement. Il cherchait désespérément des moyens de lutter contre ces ennemis qui rongeaient le pays et le peuple, et implorait Allâhu ta'âlâ de l'aider. Il a donc démis Rashîd Pâsha de sa fonction de Grand Vizir à plusieurs reprises, mais à chaque fois, cet homme rusé, qui s'était approprié des surnoms tels que "grand" et "génial", a réussi à renverser ses rivaux et à reprendre sa position. Malheureusement, le profond sentiment de détresse et de remords dont souffrait le sultan se transforma en turberculose, ce qui mit fin prématurément à la vie du jeune empereur. Ce qui restait à faire pour Mustafâ Rashîd Pâsha dans les années à venir était de s'assurer que toutes sortes de postes administratifs, de bourses universitaires et de présidences de tribunaux soient partagés uniquement entre ses disciples ; et il l'a fait. Ainsi, il a ouvert la voie à une période appelée le Qaht-i-rijâl (pénurie d'hommes compétents) dans l'histoire ottomane et a fait que l'Empire ottoman soit appelé l'Homme malade.

Ömer Aksu, professeur d'économie, déclare dans son article publié dans le numéro du 22 janvier 1989 du quotidien Türkiye,

"Le Tânzimât Firman de 1839 a été montré comme le point de départ de notre mouvement d'occidentalisation. Jusqu'à présent, nous ne semblons pas avoir compris que ce que nous devons emprunter à l'Occident, c'est la technologie ; la culture, par contre, doit rester nationale. Nous avons considéré l'occidentalisation comme l'adoption du christianisme. L'accord commercial que Mustafâ Rashîd Pâsha a conclu avec les Britanniques a été le coup le plus dur porté à nos efforts d'industrialisation."

Les loges maçonniques écossaises ont perpétué leur domination dans l'Empire ottoman. Des Pâdishâhs furent martyrisés. On s'opposait à tout ce qui aurait été utile au pays et à la nation. Les rébellions et les révolutions éclatèrent les unes après les autres. Le Sultan Abd-ul-hamîd Khân II (que sa demeure soit le Paradis) fut celui qui lutta avec le plus d'acharnement contre ces traîtres. Ils l'ont donc annoncé comme étant le "Sultân Rouge". Le Sultân Abd-ul-hamîd améliora l'Empire sur le plan économique, ouvrit de très nombreuses écoles et universités, et développa le pays. Il fit construire une faculté de médecine ; cette école n'avait pas d'équivalent en Europe à l'exception de celle de Vienne. Une faculté de sciences politiques a été construite en 1293 [1876]. Il a fondé une faculté de droit et le département d'audit en 1297. Il a institué un département d'ingénierie et un internat pour les filles en 1301. Il a fait transporter l'eau du lac Terkos jusqu'à Istanbul. Il fait ouvrir une école d'élevage de vers à soie à Bursa, et une école d'agriculture et de médecine vétérinaire à Halkalı. Il fait construire une usine de papier à Hamidiyye, une usine de charbon et de gaz à Kadıköy, et un quai pour le port de Beyrouth. Il a fait instituer la Compagnie d'assurance ottomane. Il a fait ouvrir des mines de charbon à Ereğli et Zonguldak. Il fait créer un asile d'aliénés, construire un hôpital appelé Hamidiyye Etfâl à Şişli, et instituer le Dâr-ul-aceze. Il forma l'armée la plus puissante du monde à son époque. Il fit remorquer les navires anciens et obsolètes dans la Corne d'Or et renforça la flotte avec des croiseurs et des cuirassés de haute qualité nouvellement fabriqués en Europe. Il fit construire les chemins de fer Istanbul-Eskişehir-Ankara, Eskişehir-Adana-Bagdad et Adana-Damascus-Medina. Ainsi, le plus long réseau ferroviaire du monde se trouvait dans le pays ottoman à cette époque. Ces travaux d'Abd-ul-hamîd Khân (que sa demeure soit le Paradis) ont survécu jusqu'à notre époque. Les personnes qui voyagent en train aujourd'hui verront avec fierté que toutes les gares de ce pays sont les mêmes que celles construites sous le règne d'Abd-ul-hamîd Khân.

Les Juifs, soutenus et encouragés par les Britanniques, projetaient d'établir un État juif en territoire palestinien. Abd-ul-hamîd Khân, qui était au courant de leurs activités et aspirations sionistes et qui était donc tout à fait conscient de la menace juive dans la région, a conseillé aux Palestiniens de ne pas vendre la terre de Palestine aux Juifs. Theodor Hertzel, chef de l'Organisation sioniste universelle, accompagné du rabbin Moshe Levi, rendit visite au sultan Abd-ul-hamîd et demanda que des terres soient vendues aux Juifs. La réponse du Sultân fut la suivante :

"Je ne vous donnerais pas la moindre parcelle de terre, même si tous les États du monde venaient me voir et déversaient devant moi tous les trésors du monde. Cette terre, qui a coûté la vie à nos ancêtres et qui a été préservée jusqu'à aujourd'hui, n'est pas vendable."

Sur ce, les Juifs coopérèrent avec le parti appelé Union et Progrès. Toutes les forces du mal sur la terre s'unirent contre le Sultân, pour finalement le détrôner et rendre orphelins tous les musulmans, en 1327 [C.E. 1909]. Les dirigeants du parti Union et Progrès ont rempli les plus hautes fonctions de l'État avec des ennemis de la religion et des francs-maçons. En effet, Hayrullah et Mûsâ Kâzım, qu'ils nommèrent respectivement Shaikh-ul-islâm, étaient francs-maçons. Ils ont ensanglanté le pays dans son ensemble. Dans les guerres des Balkans, de Çanakkale (Dardanelles), de Russie et de Palestine, qui étaient en fait provoquées par des sbires britanniques, la plus grande force armée du monde fondée par Abd-ul-hamîd Khân a été anéantie par des plans perfides et vils. Ils ont martyrisé des centaines de milliers de jeunes innocents et ont prouvé leur propre caractère perfide en fuyant le pays à un moment où celui-ci avait plus que jamais besoin d'unité et de protection.

Nos compatriotes non-musulmans qui avaient été

séduits dans les écoles missionnaires ouvertes dans l'Empire ottoman et dans les églises ont été incités à se soulever contre l'administration ottomane. Les espions à cape noire, qui étaient envoyés sous des noms tels que "professeurs pour les écoles" et "prêtres pour les églises", et les soi-disant correspondants de journaux prenaient de l'argent, des armes et des incitations partout où ils allaient. De grandes rébellions éclatèrent. Les massacres perpétrés par les Arméniens, les Bulgares et les Grecs occupent encore les pages de l'histoire comme des taches représentant la cruauté humaine. Ce sont les Britanniques, encore une fois, qui ont amené les Grecs à Izmir. Allâhu ta'âlâ a fait preuve de miséricorde envers la nation turque, de sorte qu'elle a pu défendre ce beau pays qui est le nôtre au terme d'une grande lutte pour l'indépendance.

Lorsque l'Empire ottoman s'est effondré, le monde entier a été plongé dans un état de chaos total. L'Empire ottoman avait servi de tampon entre les États. Il était un protecteur pour les musulmans et un moyen de dissuasion contre la guerre entre les mécréants. Après le sultan Abd-ul-hamîd Khân, il n'y avait plus de confort ni de paix dans aucun pays. Les bains de sang et les massacres n'ont jamais pris fin non plus en Europe, dont les États sont d'abord entrés dans la Première Guerre mondiale, puis ont subi la Seconde Guerre mondiale, avant d'être écrasés par l'invasion et la cruauté des communistes.

Les nations qui avaient collaboré avec les Britanniques et attaqué les Ottomans par derrière étaient maintenant dans un état si misérable qu'il semblait qu'elles ne connaîtraient jamais plus la paix. Elles étaient si repentantes pour leurs méfaits qu'elles recommencèrent à faire exécuter la Khutba au nom du Khalîfa ottoman. Lorsque finalement un État d'Israël a été créé en Palestine par les Britanniques, il est devenu évident à quel point l'existence ottomane avait été précieuse. Les actes de sauvagerie que les Palestiniens ont subis sous la cruauté des Israéliens sont rapportés dans les journaux et montrés dans les programmes de télévision du monde entier. Le ministre égyptien des Affaires étrangères, Ahmad Abd-ul-Majîd, a fait la déclaration suivante en 1990 :

"L'Égypte a vécu ses jours les plus confortables et les plus paisibles à l'époque des Ottomans."

Les missionnaires chrétiens semblent avoir été indispensables dans les endroits où les pays chrétiens d'Europe et l'Amérique ont eu des intérêts. Ces missionnaires sont des chasseurs d'avantages et des destructeurs de paix cachés derrière la simulation d'offrir service, paix et amour à Îsâ (Jésus) 'alaihis-salâm', qu'ils divinisent, (qu'Allâhu ta'âlâ nous protège contre une telle hérésie). Leur tâche la plus importante est de rendre les pays qui leur ont été attribués dépendants des pays chrétiens. Les missionnaires apprennent parfaitement les langues, les coutumes et les traditions des pays où ils vont se rendre. Dès qu'ils commencent leur mission dans un pays, ils étudient son statut politique, sa puissance militaire, sa position géographique, son niveau économique et sa structure religieuse dans les moindres détails, et font part de leurs conclusions au gouvernement chrétien pour lequel ils travaillent. Partout où ils vont, ils trouvent des personnes avec qui collaborer et les engagent. Bien que portant toujours des noms identiques à ceux des autochtones, ces personnes sont maintenant soit des ignorants christianisés, soit des traîtres engagés.

Un candidat missionnaire est formé soit dans le pays où il doit effectuer sa mission, soit par un autre missionnaire formé dans ce pays.

Les activités missionnaires se sont multipliées à la suite du Gülhâne Firmân préparé et proclamé par le franc-maçon Rashîd Pâsha. Des collèges furent ouverts dans les plus beaux endroits d'Anatolie. Le collège Fırat (Euphrate) fut ouvert à Harput en 1276 [1859]. Aucun degré de dépense n'a été jugé trop important pour la construction de cette école. Entre-temps, les missionnaires ont établi soixante-deux centres dans la plaine de Harput, et vingt et une églises ont été construites. Des organisations missionnaires furent instituées dans soixante-deux des soixante-six villages arméniens et une église fut construite pour trois villages. Tous les Arméniens, quel que soit leur âge, étaient dressés contre les Ottomans, et les femmes missionnaires n'épargnaient aucun effort pour former les femmes et les jeunes filles arméniennes à cette fin. La célèbre femme missionnaire Maria A. West a écrit l'explication suivante dans son livre "Romance of Mission", qu'elle a publié par la suite :

"Nous avons pénétré l'âme des Arméniens. Nous avons effectué une révolution dans leur vie".

Cette activité était menée dans tous les lieux où se trouvait une population arménienne. Le collège Antep à Gâziantep, le collège Anadolu à Merzifon, le collège Robert à Istanbul n'en sont que quelques exemples. Le collège de Merzifon, par exemple, n'avait pas d'étudiants turcs. Sur ses cent trente-cinq étudiants, cent huit étaient des Arméniens et vingt-sept des Byzantins. Ces étudiants étaient des pensionnaires recueillis dans toutes les régions d'Anatolie. Le directeur était un prêtre, comme dans les autres écoles. Entre-temps, une sorte de mouvement d'ébullition commença en Anatolie. Des militants de la société clandestine arménienne tuaient impitoyablement des musulmans et brûlaient des villages musulmans, ne reconnaissant aucun droit à la vie aux Ottomans, qui étaient les gardiens, les propriétaires du pays. Les Arméniens furent poursuivis et une opération de représailles et de répression fut exécutée en 1311 [C.E. 1893], après quoi on découvrit que les militants étaient camouflés dans ce collège et y planifiaient toutes leurs activités, et que leurs chefs étaient deux professeurs du collège nommés Kayayan et Tumayan. Sur ce, les missionnaires ont soulevé une clameur universelle. Afin de sauver les deux vilains Arméniens, de grandes manifestations publiques furent organisées en Amérique et en Angleterre. Il est étrange de dire que cet événement fut une cause de discorde entre la Grande-Bretagne et l'Empire ottoman. Et ce qui est encore plus étrange, c'est que lorsque les manifestations organisées par les missionnaires britanniques ont eu lieu en 1893, le directeur du Collège Anadolu de Merzifon était à Londres, et parmi les manifestants, aussi. Les massacres de musulmans en Anatolie, qui ont été perpétrés par des chrétiens, ont ensuite été reflétés dans les livres des écrivains chrétiens de manière totalement opposée. L'un de ces mensonges est écrit dans le chapitre Mer'ash du dictionnaire arabe Al-Munjid, un livre préparé à Beyrouth.

En 1893, trois millions d'exemplaires de la Bible et quatre millions d'autres livres chrétiens ont été distribués par les missionnaires aux Arméniens de Turquie. Ainsi, chaque Arménien, y compris les nouveaux-nés, a reçu sept livres. La somme d'argent dépensée annuellement par les seuls missionnaires américains était de 285 000 dollars. Afin d'illustrer l'importance de cette somme, nous voudrions dire qu'une dépense équivalente aurait permis de construire dix-sept cent vingt-huit écoles gigantesques comme le Merzifon Anadolu College.

Ce serait pure crédulité que de penser que c'est le zèle religieux qui a motivé les missionnaires à se passer de cette somme faramineuse. Car la religion est un commerce aux yeux des missionnaires. Cette somme d'argent, que les missionnaires ont dépensée en Anatolie dans le but de démolir l'islam et d'extirper la nation ottomane, ne représentait qu'une infime partie de l'argent qu'ils avaient collecté par des propagations selon lesquelles

"les Turcs massacrent les Arméniens. Aidons-les".

C'est à peu près à la même époque que nos compatriotes grecs d'Athènes et de Yenişehir, incités par les missionnaires des collèges et des églises et soutenus par d'énormes forces armées venues de Grande-Bretagne, se sont révoltés et ont massacré sauvagement des centaines de milliers de musulmans, enfants et femmes confondus. Cette rébellion a été réprimée par les forces sous le commandement d'Edhem Pâsha en 1313 [1895]. Cette victoire a été remportée non seulement contre les forces grecques, mais aussi contre les Britanniques, les véritables incitateurs.

La Grande-Bretagne est gouvernée par trois autorités : Le Roi, le Parlement et l'Église (c'est-à-dire Westminster). Jusqu'en l'an 918 [1512], le parlement et le palais du roi se trouvaient à Westminster. Après la conflagration de 1512, le roi a déménagé à Buckingham Palace, et le parlement et l'église sont restés sous le même toit. En Grande-Bretagne, l'Église et l'État sont entrelacés. Les rois et les reines sont couronnés par l'archevêque à l'église.

Selon un rapport intitulé "Social Inclinations" et publié par le British Central Bureau of Statistics, sur cent bébés nés en Grande-Bretagne, vingt-trois sont issus de relations illégitimes.

Selon un rapport statistique annoncé par la police métropolitaine britannique Scotland Yard et publié dans un quotidien d'Istanbul daté du 7 mai 1990, il n'y a plus de sécurité de vie à Londres, qui est devenue une ville très dangereuse, en particulier pour les femmes. Selon les rapports de la police britannique, au cours des douze dernières années, il y a eu une augmentation de toutes sortes de délits, principalement des viols et des vols.

La famille, dans tous les pays et toutes les religions, est une institution formée par un homme et une femme qui se sont unis de manière légitime. En revanche, les lois britanniques ont légitimé et protégé la pratique d'actes homosexuels par deux hommes.

Un rapport intitulé "Scandale dans l'armée britannique", paru dans un quotidien d'Istanbul daté du 12 novembre 1987, indique que les caporaux suppléants nouvellement engagés dans le régiment des Gardes appartenant à la reine Elizabeth II ont été harcelés sexuellement et soumis à des tortures sadiques.

Dans un article de recherche publié dans l'édition du 28 décembre 1990 du quotidien Türkiye, il est rapporté que le taux d'homosexuels dans les églises britanniques a atteint 15 % et que leur nombre dans les Chambres des Lords et des Communes est encore plus élevé. Les indécences se sont étendues au Parlement et des scandales comme celui de Profumo ont éclaté. La Grande-Bretagne est le premier pays européen où les homosexuels ont formé une organisation. Même dans les endroits où ces indécences sont pratiquées, l'hostilité britannique à l'égard de l'Islam est très visible. Les ruelles de Londres, où l'on commet l'adultère, la pédérastie et toutes les autres sortes d'indécences, sont peintes en vert, une couleur que l'islam considère comme sacrée, et des tablettes représentant Mekka sont accrochées aux portes de ces repaires de l'horreur.

Selon un rapport publié par le quotidien britannique Guardian, deux cent mille jeunes filles ont eu recours aux tribunaux et ont demandé une protection contre leurs pères qui les harcelaient sexuellement depuis qu'elles avaient atteint l'âge de la puberté. Selon la BBC, en revanche, le nombre de celles qui n'ont pas eu recours aux tribunaux (bien qu'ayant subi le même traitement abominable) est estimé à environ cinq millions.

En ce qui concerne le partage des terres, la Grande-Bretagne a le système le plus inéquitable du monde. Les luttes incessantes menées par les paysans britanniques contre les seigneurs sont consignées dans l'histoire. Il est un fait qu'aujourd'hui encore, quatre-vingt pour cent des terres britanniques sont possédées par une minorité privilégiée.

Il est écrit dans l'édition du dimanche 31 mai 1992 de

Türkiye,

"Le chômage et la pauvreté qui ont été causés par la dépression économique augmentent les suicides en Angleterre. Il a été rapporté dans le périodique médical britannique qu'une étude menée par deux médecins de l'hôpital d'Oxford a montré que chaque année cent mille personnes se suicident et que 4500 d'entre elles meurent. Parmi elles, 62 % étaient des jeunes filles."

On n'a jamais vu un État aussi perfide, agressif et sauvage que les Britanniques qui martyrisaient chaque année des centaines de milliers de musulmans et qui conduisaient des centaines de milliers de leurs propres concitoyens au suicide.

L'Irlande, quant à elle, est devenue une nuisance pour la Grande-Bretagne. Nous espérons que nous vivrons tous ces jours heureux où ils tomberont dans les pièges qu'ils nous ont tendus.

Afin de nous bénir avec le nom béni de Sayyid Abd-ul-hakîm Arwâsî 'rahmatullâhi aleyh', nous voudrions terminer la deuxième section de notre livre avec ses déclarations suivantes, qui définissent le britannique d'une manière qui couvre tous les points principaux tout en laissant de côté les points qui ne sont pas pertinents :

"Les Britanniques sont les plus grands ennemis de l'Islam. Comparons l'Islam à un arbre ; les autres mécréants abattront cet arbre en le coupant par le point le plus bas de son tronc dès qu'ils en auront l'occasion. Par conséquent, les musulmans commenceront à ressentir de l'hostilité à leur égard. Pourtant, cet arbre peut un jour faire pousser des racines. La politique britannique, en revanche, est tout autre. Il va servir cet arbre ; il va le nourrir. Les musulmans vont donc se prendre d'affection pour lui. Cependant, une nuit, alors que tout le monde dort profondément, il administrera du poison à sa racine sans que personne ne s'en aperçoive. L'arbre se dessèchera définitivement et ne repoussera plus jamais. Il continuera à duper les musulmans en exprimant sa solidarité avec eux. Cet exemple d'empoisonnement représente le stratagème britannique visant à extirper les savants islamiques, la littérature islamique et le savoir islamique par le biais des indigènes hypocrites et ignobles qu'il a engagés en échange de l'apaisement de désirs sensuels, tels que l'argent, le rang, les positions et les femmes."

Qu'Allâhu ta'âlâ protège tous les musulmans contre toutes sortes de mal. Qu'Il protège les hommes d'état, les savants islamiques et tous les Musulmans de tomber dans la tromperie et les astuces des missionnaires et des Britanniques et de les servir !

PARTIE III

KHULÂSA-T-UL-KELÂM

KHULÂSA-T-UL-KELÂM

L e chapitre suivant est la traduction de la
brochure *Khulâsa-t-ul-kelâm* : ce livret est en
arabe. Son auteur, Yûsuf Nebhânî, est décédé
à Beyrouth en 1305 H. [1932 A.D.] Que le hamd
(louanges, éloges et remerciements) soit à Allâhu ta'âlâ !
Il bénit quiconque Il veut avec hidâyat (guidance vers la
bonne voie et par conséquent vers le salut) et laisse
quiconque Il veut dans dalâlat (aberration, mauvaise
voie). [Il accepte par sa justice les prières de ceux qui
veulent être sauvés de la dalâlat et atteindre la félicité
éternelle]. Nous prononçons des bénédictions sur notre
maître, Muhammad 'alaihis-salâm', qui est le plus haut
des Prophètes et de tous les gens choisis. Que les
bénédictions et les salutations soient sur ses Âl (proches
parents, foyer) et sur tous ses As-hâb, qui brillent sur la
terre comme des étoiles dans le ciel !

Cette petite brochure compte peu de pages. Pourtant,
il est riche en ce qui concerne les connaissances qu'il
contient. Les gens de connaissance et de sagesse
l'accepteront s'ils le lisent avec bon sens, et ceux qui sont
bénis par les hidâyat d'Allâhu ta'âlâ, avec la bonne voie,
le croiront carrément. Ce livret distingue le Sirât-i-
mustaqîm, qui est une bénédiction qu'Allâhu ta'âlâ a
accordée aux musulmans, de la voie du Dalâlat, dans
laquelle Il a abandonné Ses ennemis. J'ai appelé ce livret

Khulâsa-t-ul-kelâm fî terjîh-i-dîn-il-Islâm, ce qui signifie "un résumé des déclarations qui aideront à choisir la religion islamique".

* * *

Ô homme qui veut se sauver des tourments éternels et obtenir des bénédictions infinies ! Si tu passais tout ton temps à réfléchir à cette très importante, très grande vérité, si tu mettais toute ton énergie à trouver le moyen de te préserver des tourments sans fin, quand tu étais seul et dans toutes les situations, si tu coopérais avec toutes les autres personnes et luttais de ton mieux en tant qu'être humain pour atteindre ce but, tous ces efforts seraient extrêmement insignifiants par rapport à l'importance de ce moyen. En fait, cela reviendrait à donner un grain de sable en échange de tous les trésors du monde. L'importance de cette vérité ne peut être expliquée par notre écrit. Cet écrit est destiné à donner quelques indices aux sages. Un seul sous-entendu suffira pour qu'une personne sage comprenne le sens. C'est pourquoi je vais faire quelques déclarations porteuses d'indices pour amorcer la pompe de cette réalisation : L'homme s'attache à ses tendances établies. Il ne veut pas cesser de les faire. À sa naissance, par exemple, il s'habitue à téter du lait et ne veut pas être sevré. En grandissant, il s'habitue à sa maison, à son quartier, à sa ville natale. Il lui est très difficile de s'en séparer. Plus tard, il s'habitue à son magasin, à sa profession, à sa branche scientifique, à sa famille, à sa langue et à sa religion, et déteste s'en séparer. C'est ainsi que naissent diverses communautés, tribus, nations. L'amour d'une nation pour sa religion n'est pas le résultat d'une prise de conscience que sa religion est la meilleure des religions. Une personne sage doit étudier sa religion, la comparer aux autres religions, découvrir quelle religion est la vraie et s'y tenir fermement. Car l'adhésion à une religion erronée conduira l'individu à des désastres éternels et à des tourments éternels. O homme, réveille-toi de l'oubli ! Si tu dis : "Comment puis-je savoir quelle religion est la vraie ? Je crois que la religion à laquelle je suis habitué est la vraie. J'aime cette religion", alors tu dois savoir que "La religion consiste à obéir aux commandements et aux interdictions qu'Allah a envoyés par les prophètes." Ces injonctions sont les devoirs des hommes envers leur Rabb (Allah) et les uns envers les autres.

De toutes les religions existantes, laquelle donne l'explication la plus utile des Attributs du Rabb, des cultes et des relations entre les créatures ? La sagesse est un sens qui distingue le bien du mal. Ce qui est mauvais doit être rejeté et ce qui est bon doit être étudié. Étudier une religion, c'est étudier ses débuts, son Prophète, ses As-hâb (compagnons) et Ummat (adeptes), surtout les notables. Si vous les aimez, choisissez cette religion ! Suivez votre esprit, pas votre nafs ! Votre nafs vous induira en erreur en vous insufflant des sentiments de honte et de peur à l'égard de votre famille, de vos amis et des hommes de religion méchants et mécréants. Le mal que ces personnes peuvent vous faire n'est rien comparé au tourment éternel. Une personne qui réalise pleinement ce fait choisira le Dîn-i-islâm. Il croira en Muhammad 'alaihis-salâm', qui est le dernier Prophète. En outre, l'Islam enjoint de croire en tous les Prophètes. Il enseigne que leurs religions et leurs lois canoniques étaient vraies, que chaque nouveau Messager invalidait les Sharî'ats qui lui étaient antérieures, et que de la même manière, l'avènement de la Sharî'at de Muhammad 'alaihis-salâm' invalidait toutes les Sharî'ats antérieures. Le fait qu'une personne se rende compte que la religion qu'elle a l'habitude de suivre est fausse, qu'elle abandonne cette religion et qu'elle ait l'îmân en Muhammad 'alaihis-salâm' sera très difficile à tolérer pour son nafs. Car le nafs a été créé dans une nature hostile à Allâhu ta'âlâ, à Muhammad 'alaihis-salâm' et à sa Sharî'at. Cette nature inamicale du nafs est appelée Hamîyat-ul-jâhiliyya (zèle erroné, fanatisme, bigoterie). Les parents, les enseignants, les amis vicieux, [les programmes de radio et de télévision, les hommes d'État] de la mauvaise religion soutiendront ce sentiment bigot. D'où le dicton : "Enseigner à l'enfant, c'est comme graver sur la pierre". Pour éliminer ce sectarisme, il est nécessaire de s'efforcer, de lutter contre le nafs, et de convaincre le nafs par la raison. Si vous lisez avec attention mes écrits suivants, ils vous aideront dans cette lutte :

S'adapter à une certaine religion permet d'atteindre le bonheur éternel et de se prémunir contre les désastres éternels. Il ne s'agit pas de se vanter d'une religion que l'on a héritée de ses parents. Et chaque Prophète est un être humain qui possède les qualifications de la prophétie et transmet les injonctions d'Allâhu ta'âlâ à Ses esclaves nés. Il faut s'adapter à un Prophète qui possède ces qualifications et entrer dans sa religion. Les gens qui adorent les icônes et les idoles appelées Wasanî (Vesenî) et les impies appelés Dehrî, [également les francs-maçons et les communistes] sont comme des bêtes. De même, les religions nazaréenne (chrétienne) et judaïque sont devenues obsolètes pour les raisons suivantes :

1- Dans la religion islamique, Allâhu ta'âlâ a des attributs de perfection. Il n'a pas d'attributs de déficience. Les adorations sont faciles à accomplir. Les relations sociales sont basées sur la justice. Les adorations et les relations sociales enseignées dans les autres religions ont cependant changé au cours du temps, de sorte qu'elles ne sont plus raisonnables ou praticables.

2- Une étude comparative des vies de Muhammad, Îsâ (Jésus) et Mûsâ (Moïse) 'alaihimus-salâm' montrera que Muhammad 'alaihis-salâm' est de la plus haute lignée, le plus noble, le plus courageux, le plus bienfaisant, le plus savant, le plus sage, le plus supérieur et le plus sagace dans les connaissances relatives à ce monde et à l'autre. D'autre part, il était ummî (analphabète). En d'autres termes, il n'avait jamais lu de livres et n'avait jamais rien appris de personne.

3- Les mu'jizas (miracles) accomplis par Muhammad 'alaihis-salâm' étaient beaucoup plus nombreux que le total de ceux accomplis par les autres. Les mu'jizas des autres sont passées et terminées. En revanche, un certain nombre de mu'jizas de Muhammad 'alaihis-salâm', notamment la mu'jiza du Qur'ân al-kerîm, se sont poursuivies et se poursuivront jusqu'à la fin du monde. Et les kerâmats[80] de son Ummat (musulmans), en particulier ceux réalisés par les Awliyâ,[81] se sont produits continuellement et partout.

4- Parmi les rapports qui nous communiquent ces trois religions, ceux qui sont véhiculés par le Qur'ân al-kerîm et les Hadîth-i-sherîfs sont plus nombreux et plus fiables. Ils ont tous été consignés dans des livres et

---

[80] Un événement extraordinaire qu'Allâhu ta'âlâ crée à travers une personne qu'Il aime est appelé une merveille, ou un miracle. Lorsqu'un miracle se produit par l'intermédiaire d'un Prophète, on l'appelle un mu'jiza. Lorsqu'il se produit à travers un Walî, c'est-à-dire une personne aimée par Allâhu ta'âlâ, il est appelé un kerâmet. Veuillez consulter notre livre Preuve de la prophétie.

[81] Forme plurielle de Walî.

diffusés dans le monde entier. Muhammad 'alaihis-salâm' avait quarante ans lorsqu'il a été informé qu'il était le Prophète. Et il avait soixante-trois ans lorsqu'il est décédé. Sa prophétie a duré vingt-trois ans. Il est décédé après que toute la péninsule arabe lui ait obéi, après que sa religion se soit répandue et ait été apprise partout, après que son appel ait été entendu en Orient et en Occident, et après que le nombre de ses As-hâb ait atteint 150 mille. Il accomplit son Hajj d'adieu avec ses 120 mille Sahâbîs, et mourut quatre-vingts jours après. Le troisième âyat-i-kerîma de la Mâida sûra, qui signifie : "Aujourd'hui, j'ai complété votre religion et consommé ma bénédiction sur vous et appelé l'Islam comme votre religion", a été révélé pendant ce Hajj. Tous ces Sahâbîs étaient fidèles et vrais. La plupart d'entre eux étaient profondément instruits dans l'Islam et étaient Awliyâ. Ils ont répandu la religion et les mu'jizas de Rasûlullah sur toute la terre. Ils se rendaient dans d'autres pays pour le Jihâd. Partout où ils allaient, ils transmettaient les enseignements religieux et les mu'jizas aux hommes de savoir qui y vivaient. Et ces derniers, à leur tour, enseignaient aux autres. Ainsi, les savants vivant dans chaque siècle enseignaient à de nombreux autres savants appartenant aux générations suivantes. Et ces savants ont écrit ces enseignements dans des milliers de livres, et ont également écrit les noms des personnes qui ont transmis ces enseignements. Ils ont classé les hadîth-i-sherîfs qu'ils ont appris dans un certain nombre de catégories et leur ont donné des termes tels que Sahîh, Hasan, etc. Ils ne laissaient pas entrer dans leurs livres les fausses déclarations fabriquées par les menteurs [et les juifs] au nom des hadîths. Ils étaient très stricts, extrêmement sensibles à cet égard. Grâce à leurs efforts rigoureux, la religion islamique a été établie sur des bases très solides et s'est répandue sans aucun changement. Aucune des autres religions ne s'est répandue d'une manière aussi saine. Les mu'jizas de notre bien-aimé Prophète Muhammad 'alaihis-salâm', prouvent substantiellement qu'il est le vrai Prophète. Les enseignements fondamentaux et essentiels de l'Islam, l'existence et l'unité d'Allâhu ta'âlâ, Ses Attributs de perfection, la prophétie de Muhammad 'alaihis-salâm', qu'il était fidèle et fiable et le plus haut de tous les Prophètes, que les gens ressusciteront après la mort et seront appelés à rendre des comptes, le pont de Sirât, les bénédictions du Paradis, les tourments de l'Enfer, que c'est farz (un commandement islamique simple) d'accomplir la prière appelée namâz cinq fois par jour, que les parties farz (obligatoires) des prières du début et de la fin de l'après-midi et de la nuit ont quatre rak'ats chacune, que (la partie farz de) la prière du matin contient deux rak'ats et (celle de) la prière du soir contient trois rak'ats, qu'il est farz de commencer le jeûne lorsque la nouvelle lune du mois de Ramadân est vue dans le ciel et de célébrer le Bayram (fête) appelé Fitr lorsque la nouvelle lune du mois de Shawwâl est vue, qu'il est farz (ou obligatoire) d'accomplir (le culte appelé) Hajj une fois dans sa vie, qu'il est harâm (interdit) [pour les femmes et les jeunes filles de sortir sans se couvrir la tête, les cheveux, (pour tout le monde, hommes et femmes confondus) de pratiquer la pédérastie] de commettre la fornication, de boire du vin [ou même une goutte de n'importe quelle boisson forte qui enivrerait en cas de prise en grande quantité], pour une personne qui est junub (canoniquement impure, nécessitant un lavage rituel) et pour une femme en période de menstruation d'accomplir le namâz, d'accomplir le namâz sans ablution rituelle, et tous les autres enseignements religieux essentiels ont été transmis correctement à tous les musulmans, qu'ils soient instruits ou ignorants, et finalement à nous sans qu'aucun changement n'y ait été apporté. Ce fait est également connu des chrétiens et des juifs raisonnables. Ces personnes reconnaissent que les moyens par lesquels elles ont appris leur propre religion n'ont pas une authenticité aussi fiable. Parce que l'époque de Muhammad 'alaihis-salâm' est plus proche de la nôtre et parce que le nombre de savants qui nous ont transmis la religion islamique est énorme, il n'a pas été possible d'insérer des superstitions dans l'Islam. Le christianisme et le judaïsme ne possèdent pas ces deux bénédictions. Il y a un espace d'environ six cents ans [selon les historiens] entre le bi'that [apparition] de Îsâ 'alaihis-salâm' et celui de Muhammad 'alaihis-salâm'. Car [ils disent] qu'il y a six cent vingt et un ans entre la naissance de Îsâ 'alaihis-salâm' et la hijra (migration) de Muhammad 'alaihis-salâm' de Mekka à Medîna. (D'autre part, cet espace de temps est de mille ans selon les savants islamiques). Durant cet espace de temps, l'ignorance était répandue sur toute la terre. Il était donc très difficile de distinguer les vrais rapports des faux.

L'appel de Îsâ 'alaihis-salâm' n'a pas duré longtemps. Allâhu ta'âlâ l'a élevé au ciel alors qu'il avait trente-trois ans. Pendant cette courte période, il était faible et sans défense face aux mécréants. Les conditions n'étaient pas assez favorables pour qu'il puisse accomplir avec succès le devoir que son Rabb lui avait assigné. La communauté juive de l'époque et son gouvernement constituaient un obstacle supplémentaire. Il n'avait pas non plus de partisans à l'exception de ces quelques personnes appelées Hawârîs (Apôtres). Ses seuls croyants étaient ces douze Apôtres, qui n'étaient rien de plus que de pauvres chasseurs ignorants. Après son ascension[82] au ciel, divers rapports et narrations ont été compilés dans [quatre] livres appelés l'Injîl, qui, étant transférés d'une main incompétente à une autre et traduits d'une langue à une autre, ont subi diverses interpolations. Une grande partie des informations contenues dans ces évangiles sont donc contradictoires entre elles et illogiques. En effet, les rapports donnés dans l'un d'eux confondent et démentent ceux écrits dans un autre. Le même cas s'applique aux différentes versions d'un même évangile. Pour éliminer ces différences et contradictions, les prêtres devaient se réunir à chaque siècle et corriger les évangiles existants, faisant ainsi des ajouts et des suppressions et insérant entre-temps des absurdités qui n'ont rien à voir avec la religion. Ils ont forcé les gens à croire ces livres. La plupart des déclarations dans ces livres n'appartiennent pas à Îsâ 'alaihis-salâm' ou à ses apôtres. En conséquence, ils se sont séparés en divers groupes. De nouvelles sectes sont apparues à chaque siècle. La plupart d'entre elles se sont dissociées des précédentes. Et tous savent que les évangiles qu'ils ont maintenant ne sont pas le livre saint enseignant la religion révélée à Îsâ 'alaihis-salâm'.

Il en est de même pour les livres judaïques relatant la religion et les mu'jizas de Mûsâ 'alaihis-salâm'. L'espace de temps est ici plus long. Mûsâ 'alaihis-salâm' est décédé deux mille trois cent quarante-huit (2348) ans avant la hijrat de Muhammad 'alaihis-salâm'. Pendant la

---

[82] Contrairement au credo chrétien, qui théorise que Îsâ 'alaihis-salâm' a été crucifié puis est monté au ciel, l'Islam enseigne que ce Prophète exalté n'a pas été crucifié, et qu'Allâhu ta'âlâ l'a élevé, vivant, au ciel. Veuillez consulter notre livre *Could Not Answer*.

longue période d'ignorance qui les séparait, il était impossible de transmettre correctement la religion judaïque. En outre, des hommes de religion juive ont été tués par des tyrans cruels comme Nabuchodonosor, et d'autres ont été emmenés comme captifs et transportés de la Bayt-ul-muqaddas à Babylone. En fait, il fut un temps où Jérusalem ne comptait pas une seule personne suffisamment instruite pour lire la Torah. Danyâl (Daniel) 'alaihis-salâm' connaissait la Torah par cœur, de sorte qu'il la récitait et la dictait. Cela a permis de retarder l'interpolation de la Torah jusqu'après la mort de ce prophète béni. En fait, les ajouts faits après lui étaient beaucoup trop amoraux pour être attribués à Allâhu ta'âlâ ou aux Prophètes.

Tous les peuples savent que l'ignorance ne s'est pas répandue après l'époque de Muhammad 'alaihis-salâm'. En fait, la connaissance est devenue un attribut commun répandu parmi tous les musulmans, de grands États islamiques ont été établis et ils ont répandu la connaissance, la science, la justice et les droits de l'homme partout. Maintenant, si une personne sage et raisonnable examine ces trois religions, elle s'adaptera certainement à l'Islam. Car le but est de trouver la vraie religion. Le mensonge et la calomnie sont harâm en Islam. Les Âyat-i-kerîmas et les hadîth-i-sherîfs interdisent avec véhémence ces deux vices. Si calomnier une personne ordinaire est un péché grave, calomnier le Messager d'Allah est bien pire, bien plus harâm. Pour cette raison, il ne peut y avoir aucun mensonge, aucune erreur dans les livres qui parlent de Muhammad 'alaihis-salâm' et de ses mu'jizas. Une personne sage devrait surmonter sa pertinacité, abandonner la religion qui mènera à la perdition, et s'adapter à la vraie religion qui le guidera vers le bonheur. La vie dans ce monde est très courte. Ses jours passent et se transforment en de simples visions, l'un après l'autre. Chaque être humain finira par mourir, après quoi il y aura soit un tourment éternel, soit une vie éternelle de bénédictions. Et leur heure approche de tous à grande vitesse.

O homme ! Aie pitié de toi-même ! Retire le rideau de l'oubli de ton esprit ! Considère ce qui est mauvais comme mauvais et essaie de t'en débarrasser ! Considère ce qui est juste comme juste et adapte-toi à lui, tiens-le fermement ! La décision que vous allez prendre est très grande, très importante. Et le temps est très court. Vous allez certainement mourir ! Pensez au moment où vous allez mourir ! Préparez-vous à ce que vous allez vivre ! Vous n'échapperez pas au tourment éternel si vous ne vous adaptez pas au Haqq. Se repentir quand il est trop tard sera inutile. Confirmer la vérité au dernier souffle ne sera pas accepté. Faire la tawba après la mort ne sera pas valide. Ce jour-là, si Allâhu ta'âlâ dit : "Ô mon esclave ! Je t'ai donné la lumière de l'esprit. Je t'ai ordonné de l'utiliser pour Me connaître et pour avoir la foi en Moi, en Mon Prophète Muhammad 'alaihis-salâm', et en la religion islamique révélée par lui. J'ai informé dans la Torah et la Bible de l'avènement de ce Prophète. J'ai répandu son nom et sa religion dans tous les pays. Vous ne pouvez pas dire que vous n'avez pas entendu parler de lui. Vous travailliez jour et nuit pour des gains mondains, des plaisirs mondains. Vous n'avez jamais pensé à ce que vous alliez vivre dans l'au-delà. Dans un état d'inconscience, vous êtes tombés dans les griffes de la mort", comment allez-vous répondre ?

Ô homme ! Pense à ce qui va t'arriver ! Reprends tes esprits avant la fin de ta vie. Les gens que tu voyais autour de toi, avec qui tu parlais, avec qui tu avais de la sympathie, dont tu avais peur, sont morts un par un. Ils n'existent plus maintenant. Ils sont passés et repassés comme des fantômes. Réfléchissez bien ! Quelle horrible pensée que de brûler dans le feu éternel ! Et quelle chance de vivre dans les bénédictions éternelles ! Vous avez le choix maintenant. Tout le monde finira dans l'un de ces deux extrêmes. Une autre alternative est impossible. Ce serait de l'ignorance totale, de la folie de ne pas considérer cela et de ne pas prendre des précautions en conséquence. Qu'Allâhu ta'âlâ nous bénisse tous en suivant la raison ! Âmîn.

Il est déclaré comme suit dans le livre Qawl-us-sabt fî rad-d-i-'alâ deâw-il-protestanet : Allâma Rahmatullah Hindî[83] déclare dans son livre (Iz-hâr-ul-haqq) : "Avant le début de l'Islam, il ne restait nulle part de copies originales de la Torah ou de la Bible. Ceux qui existent aujourd'hui sont des livres d'histoire composés de rapports vrais et faux. La Torah et la Bible mentionnées dans le Qur'ân al-kerîm ne sont pas les livres existants sous le nom de Torah et de Bible. Parmi les enseignements écrits dans ces livres, ceux qui sont affirmés par le Qur'ân al-kerîm sont vrais et ceux qu'il rejette sont faux. Nous ne dirions pas vrai ou faux à propos de ceux qui ne sont pas mentionnés dans le Qur'ân al-kerîm. Il n'y a aucune preuve documentaire pour prouver que les quatre évangiles sont la parole d'Allah. Un prêtre britannique avec qui j'ai parlé en Inde a admis ce fait et a dit que tous les documents à cet égard avaient été perdus par les tumultes qui s'étaient produits dans le monde jusqu'à l'an 313 de notre ère". Il est écrit

---

[83] Rahmatullah Hindî est décédé à Mekka en 1306 [1889].

dans le deuxième volume de l'interprétation de la Bible par Héron, à la soixante-cinquième page du premier volume de l'histoire de l'historien Moshem, imprimé en 1332 [1913], et à la cent vingt-quatrième page du cinquième volume de l'explication de la Bible par Lardis que les Évangiles ont subi diverses interpolations. Jérôme dit : " En traduisant la Bible, j'ai vu que les différentes copies se contredisaient les unes les autres. " Adam Clark dit dans le premier volume de son interprétation : " La Bible a subi diverses interpolations lors de sa traduction en latin. Des ajouts contradictoires ont été faits." Ward Catholic dit à la dix-huitième page de son interprétation, imprimée en 1841, "Les hérétiques orientaux ont changé de nombreuses parties de la Bible. Des prêtres protestants ont soumis un rapport au roi Jacques Ier et ont dit : Les Psaumes de notre livre de prières sont différents de ceux qui sont en hébreu. Il y a presque deux cents changements. D'autre part, les prêtres protestants ont apporté encore plus de changements." De nombreux exemples de ces changements sont donnés dans le livre Iz-hâr-ul-haqq. Les interpolations dans diverses éditions des Évangiles sont également illustrées dans le livre Al-fâsilu-bayn-al-haqq wa'l-bâtil, de Izz-ad-dîn Muhammadî, et Tuhfat-ul-erîb, de Abdullah Terjumân.

Tous les prêtres savent que Îsâ 'alaihis-salâm' n'a rien écrit. Il n'a pas non plus laissé de documents écrits et n'a demandé à personne d'écrire quoi que ce soit. Il n'a pas enseigné sa Sharî'at sous forme écrite. Après son ascension au ciel, les désaccords ont commencé parmi les Nazaréens. Ils ne parvenaient pas à se réunir pour consolider leurs connaissances religieuses. En conséquence, plus de cinquante évangiles ont été écrits. Quatre d'entre eux ont été choisis. Huit ans après Îsâ 'alaihis-salâm', l'Évangile de Matthieu fut écrit en langue syrienne en Palestine. L'exemplaire original de cet évangile n'existe pas aujourd'hui. Il existe un livre qui serait sa version grecque. L'Évangile de Marc a été écrit à Rome trente ans après lui. L'Évangile de Luc a été écrit en grec à Alexandrie vingt-huit ans après lui. Et trente-huit ans après lui, l'Évangile de Jean a été écrit à Éphèse. Tous ces évangiles contiennent des récits, des histoires et des événements qui se sont produits après Îsâ 'alaihis-salâm'. Luc et Marc ne font pas partie des Apôtres. Ils ont écrit ce qu'ils avaient entendu des autres. Les auteurs de ces Évangiles n'ont pas appelé leurs livres Injîl (Bible). Ils disaient que les leurs étaient des livres d'histoire. Ceux qui les ont appelés Bible sont ceux qui les ont traduits par la suite.

Ce livre, Qawl-us-sebt, a été écrit en 1341 [1923] par Sayyid Abd-ul-qâdir Iskenderânî en réponse au livre Aqâwîl-ul-Qur'âniyya, écrit en arabe et imprimé par un prêtre protestant en Egypte ; en 1990, (Hakîkat Kitâbevî) a reproduit ce livre avec les livres As-sirât-ul-musteqîm et Khulâsa-t-ul-kelâm.

L'Injîl original était en langue hébraïque et a été détruit par les juifs lorsqu'ils ont arrêté Îsâ 'alaihis-salâm' dans le but de le crucifier. Pas une seule copie du Livre Saint original n'a été écrite pendant les trois années, la période de l'appel de Îsâ 'alaihis-salâm'. Les chrétiens nient l'existence de l'Injîl original. Les quatre Évangiles qu'ils appellent la Bible ne contiennent aucun système de culte. Ils ne contiennent que les discussions entre Îsâ 'alaihis-salâm' et les Juifs. Or, un livre religieux doit enseigner des formes de culte. S'ils prétendent avoir pratiqué leur culte conformément à la Torah, alors pourquoi ignorent-ils ses commandements très importants comme l'observation du sabbat [le samedi], la circoncision et l'abstention de manger du porc ? Leurs évangiles ne contiennent aucune information indiquant que ces commandements doivent être ignorés. En revanche, le Qur'ân al-kerîm couvre des connaissances détaillées concernant toutes sortes de cultes, l'éthique, le droit, le commerce, l'agriculture et la science, et encourage ces branches. Il prescrit des solutions pour toutes sortes de problèmes physiques et spirituels.

Pendant quatorze cents ans, aucun poète, aucun homme de lettres, aucun incroyant obstiné n'a été capable d'exprimer une déclaration similaire à une âyat du Qur'ân al-kerîm, même s'ils ont essayé de le faire. Le fait que pas un seul de ses âyats n'ait pu être dit dans son exactitude, malgré le fait que le vocabulaire utilisé soit constitué de mots ordinaires d'usage courant, montre clairement qu'il s'agit d'un mu'jiza (miracle accompli par un Prophète). Les autres mu'jizas de Muhammad 'alaihis-salâm' sont des événements passés ; ils n'existent aujourd'hui que de nom. Quant au Qur'ân al-kerîm, il brille aussi fort que le soleil, toujours et partout. Il est un médicament pour chaque maladie, un remède pour chaque mal. Allâhu ta'âlâ, le Très Bienveillant, l'a accordé à Son Habîb-i-akram (Bien-aimé béni) et le lui a révélé pour que tous Ses esclaves soient heureux. Avec Sa bonté et Sa compassion infinies, Il l'a protégé contre les changements et les interpolations. Il n'a pas fait cette promesse pour les autres livres célestes.

Les sharî'ats de tous les Prophètes, ayant été adaptées (par Allâhu ta'âlâ) aux exigences de l'époque à laquelle ils vivaient, étaient naturellement différentes les unes des autres. Les principes de la croyance, cependant, étaient identiques dans tous les cas. Ils enseignaient tous qu'Allâhu ta'âlâ est Unique, et qu'il y aura une résurrection après la mort. Il est dit dans le trente-neuvième verset du Deutéronome :

"... l'Éternel est Dieu dans les cieux en haut et sur la terre en bas : il n'y en a pas d'autre." (Deut. 4-19), et dans le sixième chapitre : "Écoute, Israël : L'Éternel notre Dieu est un seul Éternel." (Ibid : 6-4). Dans le chapitre II des Chroniques, Suleymân (Salomon) 'alaihis-salâm' est cité comme ayant dit : "... Éternel Dieu d'Israël, il n'y a pas de Dieu comme toi dans les cieux et sur la terre...". (2 Chr. 6-14) "... voici que le ciel et le ciel des cieux ne peuvent te contenir, et encore moins cette maison que j'ai bâtie !". (Ibid : 6-18) après avoir construit le Bayt-ul-muqqaddas (le Masjîd al-Aqsâ à Jérusalem). Il est écrit dans le quinzième chapitre de I Samuel que le Prophète Samuel a dit : "... la Force d'Israël ne mentira pas et ne se repentira pas, car il n'est pas un homme pour se repentir. " (Sam : 15-29) Il est dit comme suit dans le quarante-cinquième chapitre du livre attribué au prophète Isaïe : "Je suis l'Éternel, et il n'y en a pas d'autre,..." (Is. 45-5) 'Je forme la lumière, et je crée les ténèbres : Je fais la paix et je crée le mal,...' (Ibid : 45-7)

Il est écrit dans le dix-neuvième chapitre de l'Evangile de Matthieu : "Et voici que quelqu'un vint lui dire : Bon Maître, que dois-je faire de bon pour avoir la vie éternelle ?" "Et il lui répondit : Pourquoi m'appelles-tu bon ? Il n'y a de bon qu'un seul, c'est-à-dire Dieu ; mais si tu veux entrer dans la vie, observe les commandements." (Matt : 19-16, 17) Il est dit comme suit dans le douzième chapitre de Marc : "Un des scribes vint, et... lui demanda : Quel est le premier de tous les commandements ?" Jésus lui répondit : Le premier de tous les commandements est le suivant : "Écoute, Israël, le Seigneur notre Dieu est un seul Seigneur". "Tu aimeras le Seigneur ton Dieu de tout ton cœur, de toute ton âme, de toute ta pensée et de toute ta force". (Marc : 12-28, 29, 30) Muhammad 'alaihis-salâm' l'a également déclaré.

Une personne qui contredit [mécréance] Muhammad 'alaihis-salâm' aura mécru tous les prophètes. Croire en la trinité [existence de trois dieux] revient à renier tous les prophètes. La doctrine de la Trinité est apparue bien après l'ascension au ciel d'Îsâ 'alaihis-salâm'. Auparavant, tous les nazaréens croyaient au Tawhîd (unité d'Allah) et observaient la plupart des principes de la Torah. Lorsqu'un certain nombre d'idolâtres et de philosophes grecs ont rejoint les nazaréens, ils ont mélangé leur ancienne croyance, la Trinité, avec la religion nazaréenne. Il est écrit dans un livre français, traduit en arabe et intitulé Qurrat-un-nufûs, que la personne qui interpola la doctrine de la Trinité dans la religion nazaréenne fut d'abord un prêtre nommé Seblius, en l'an 200 de l'ère chrétienne, et que cette première interpolation causa une grande effusion de sang. À cette époque, de nombreux savants défendaient la croyance de l'Unité et disaient que Îsâ 'alaihis-salâm' était un être humain et un Prophète. C'est vers l'an 300 qu'Arius d'Alexandrie a proclamé la croyance de l'unité et a annoncé que la doctrine de la Trinité était fausse et nulle. Lors du (premier) concile de Nicée convoqué par Constantin le Grand en 325, la croyance en l'Unité fut rejetée et Arius fut excommunié. Ils ne savent pas eux-mêmes ce qu'ils entendent par le nom de Saint-Esprit (ou Esprit), qu'ils supposent être le troisième dieu de la Trinité. Ils disent que c'est le Saint-Esprit par lequel Îsâ 'alaihis-salâm' a pris naissance dans le ventre de sa mère, Marie. L'Islam enseigne que le Rûh-ul-Quds (le Saint-

Esprit) est l'Archange nommé Jebrâîl (Gabriel).[84]

Shams-ad-dîn Sâmî Bey a écrit dans l'édition 1316 [1898] de Kâmûs-ul-a'lâm : Le prophète de l'Islam est Muhammad 'alaihis-salâm'. Son père est Abdullah et son grand-père est Abd-ul-muttalib bin Hishâm bin 'Abd-i-Menâf bin Qusey bin Kilâb. Selon les historiens, il est né à Mekka vers un lundi matin, qui coïncidait avec le douzième jour du mois de Rabî'ul-awwal, le vingtième avril, en 571 A.D. Sa mère est Âmina, la fille de Wahab, et son grand-père est 'Abd-i-Menaf bin Zuhra bin Kilâb. Kilâb est l'arrière grand-père d'Abdullah. Abdullah est décédé à un endroit appelé Dâr-un-nâbigha dans les environs de Medîna sur son chemin de retour d'une expédition commerciale à Damas. Il était âgé de vingt-cinq ans. Il n'a pas vu son fils. Il (Muhammad 'alaihis-salâm') resta avec sa nourrice Halîma parmi sa tribu pendant cinq ans. Cette tribu, qui s'appelait Benî Sa'îd, était le peuple le plus éloquent d'Arabie. Pour cette raison, Muhammad 'alaihis-salâm' parlait avec beaucoup d'éloquence. Lorsqu'il avait six ans, Âmina, (sa mère bénie), l'emmena chez ses oncles maternels à Medîna et y mourut. Sa nourrice, Umm-i-Eymen, l'emmena à Mekka et le remit à Abd-ul-muttalib, (son grand-père paternel béni). Il avait huit ans, quand Abd-ul-muttalib est décédé et il a commencé à rester dans la maison de son oncle paternel Abû Tâlib. À l'âge de douze ans, il rejoignit Abû Tâlib pour un voyage

---

[84] Le livre turc Izâh-ul-merâm a été écrit par Abdullah Abdî bin Destân Mustafâ Bey de Manastir 'rahmatullâhi aleyh'. Il est décédé en 1303 [1885]. Le livre a été imprimé dans l'imprimerie qui appartenait à Yahyâ Efendi, le shaikh du couvent de Mustafâ Pâsha juste à l'extérieur d'Edirnekapı, Istanbul.

commercial à Damas. À l'âge de dix-sept ans, son oncle paternel Zubeyr l'emmena au Yémen. À l'âge de vingt-cinq ans, il se rendit à Damas à la tête de la caravane de Hadîja 'radiy-Allâhu anhâ' pour une expédition commerciale. Il devint célèbre pour ses excellentes manières, son beau caractère moral et ses habitudes laborieuses. Deux mois plus tard, il épousa Hadîja. Lorsqu'il eut quarante ans, l'ange nommé Jebrâ'îl (Gabriel) lui rendit visite et il fut informé de sa prophétie. Hadîja fut sa première croyante, et elle fut suivie par Abû Bekr, puis Alî, qui était encore un enfant, et enfin Zeyd bin Hârisa. Lorsqu'il eut quarante-trois ans, il reçut l'ordre d'inviter tout le monde à l'Islam. Les païens le persécutèrent sévèrement. Il avait cinquante-trois ans lorsqu'il émigra à Medîna-i-munawwara. Il arriva dans le village Kubâ de Medîna le lundi 8 de Rabî'ul-awwal, qui coïncidait avec le vingtième jour de septembre, en la 622ème année de l'ère chrétienne. C'est sous le califat de hadrat 'Umar que cette année (622) a été acceptée comme le début de l'ère musulmane et le premier jour du mois de Muharram comme le premier jour (jour de l'an) de l'année lunaire Hijrî. C'était le seizième jour, un vendredi, du mois de juillet. Et le vingtième jour du mois de septembre a été accepté comme le premier jour de l'année solaire Hijrî. Le 623ème jour de l'an de l'ère chrétienne a eu lieu pendant les premières années solaires et lunaires hijrî. Lorsque le premier commandement d'accomplir la Ghazâ et le Jihâd contre les infidèles a été donné (par Allâhu ta'âlâ), la Ghazâ (guerre sainte) de Bedr a été faite dans la deuxième année de l'Hijrat. Sur les neuf cent cinquante hommes de l'armée des mécréants, cinquante furent tués et quarante-quatre furent faits prisonniers. La troisième année, la Ghazâ de Uhud a été faite. Le nombre de mécréants était de trois mille, alors que les musulmans étaient au nombre de sept cents. Soixante-quinze Sahâbîs ont été martyrisés. La quatrième année, la Ghazâ de Hendek (tranchée) et la cinquième année, la Ghazâ de Benî Mustalaq furent faites. C'est au cours de cette même année que l'on ordonna aux femmes de se couvrir. La Ghazâ de Hayber et l'accord de paix appelé Bî'at-ur-ridwân, à Hudaybiya, ont été faits la sixième année. La septième année, le Kaiser et les Chosroes reçurent des lettres d'invitation à l'Islam. La huitième année, la Ghazâ de Mûta fut menée contre l'armée byzantine sous le commandement d'Héraclius, Mekka fut conquise et la Ghazâ de Huneyn fut accomplie. La neuvième année, une expédition fut menée pour la Ghazâ de Tabuk. La dixième année, le Hajj de Wedâ' (l'adieu) fut accompli. La onzième année, après avoir souffert de la fièvre pendant treize jours, le Prophète béni s'éteignit dans la chambre adjacente à son masjîd le lundi 12 de Rabî'ul awwal, à l'âge de soixante-trois ans.

Rasûlullah 'sall-Allâhu alaihi wa sallam' était toujours affable et doux. Il y avait un nûr qui brillait sur son visage béni. Ceux qui le voyaient tombaient amoureux de lui. Sa douceur, sa patience, ses belles habitudes morales sont écrites dans des milliers de livres. Il a eu quatre fils et quatre filles de Hadîja 'radiy-Allâhu anhâ'. Et il a eu un fils de Mâriya d'Egypte. Tous ses enfants, sauf Fâtima, sont décédés de son vivant. Ceci est la fin de notre citation de Kâmûs-ul-a'lâm.

L'Imâm-i-Ghazâlî a écrit dans son livre Kimyâ-i Sa'âdat, "Allâhu ta'âlâ a envoyé des Prophètes à Ses esclaves. Par l'intermédiaire de ces grands personnages, Il a informé Ses esclaves des voies qui mènent au bonheur et de celles qui mènent aux désastres. Le plus haut, le plus supérieur et le dernier des Prophètes est

Muhammad 'alaihis-salâm'. Il est le Prophète de tous les peuples, de toutes les nations. Tous les peuples du monde doivent croire en ce Prophète exalté". Celui qui croit en lui et s'adapte à lui obtiendra des bénédictions dans le monde et dans l'au-delà. Celui qui ne croit pas en lui, en revanche, sera soumis à un tourment éternel dans l'au-delà.

CONCLUSION

En résumé, Din (religion) signifie le système de règles révélé par Allâhu ta'âlâ aux Prophètes afin d'enseigner les croyances, les comportements, les mots et les attitudes appréciés par Allâhu ta'âlâ, les adorations à accomplir, et les moyens d'atteindre le bonheur dans ce monde et dans l'au-delà. Les illusions et les histoires imaginaires fabriquées par l'esprit humain imparfait ne sont pas appelées Din. L'esprit est utile pour apprendre et obéir aux commandements et interdits religieux. Cependant, il ne peut pas saisir les mystères, les causes divines ultimes des commandements et des interdictions. Il ne peut pas non plus raisonner sur eux. De tels faits occultes peuvent être appris si Allâhu ta'âlâ les intime aux Prophètes ou les inspire et les révèle aux cœurs des Awliyâ. Et ceci, à son tour, est une bénédiction qui ne peut être accordée que par Allâhu ta'âlâ.

Or, pour atteindre le bonheur dans ce monde et dans l'autre et mériter l'amour d'Allâhu ta'âlâ, il faut être musulman. Un non musulman est appelé kâfir (mécréant, incroyant). Et être musulman, à son tour, exige d'avoir îmân et d'adorer. Adorer signifie s'adapter complètement à la Sharî'at de Muhammad 'alaihissalâm', à la fois en paroles et en actions. Les adorations prescrites doivent être accomplies uniquement parce qu'elles sont les commandements d'Allâhu ta'âlâ et sans attendre d'avantages mondains de leur accomplissement. La Sharî'at signifie le canon [les commandements et les interdictions] enseigné dans le Qur'ân al-kerîm et expliqué par les hadîth-i-sherîfs, et peut être appris dans ce que nous appelons les livres de fiqh, ou ilmihâl. Il est Fard-i-ayn pour tous, hommes et femmes, d'apprendre les Sharî'at, c'est-à-dire les principes religieux qui incombent (à faire ou à ne pas faire) à chaque musulman. Ces principes sont des remèdes protégeant les hommes contre les maladies spirituelles et physiques. Apprendre la médecine, les arts, le commerce ou le droit prendrait à une personne des années dans un lycée, puis des années dans une université. De même, l'apprentissage des livres d'ilmihâl et de la langue arabe nécessite un certain nombre d'années d'études. Les personnes qui n'apprennent pas ces choses tomberont facilement dans les mensonges et les calomnies fabriqués par les espions britanniques et par les mercenaires, les hypocrites, les soi-disant hommes religieux et les hommes d'État perfides trompés par les espions britanniques, et finiront par conséquent dans une destination désastreuse et affligeante dans ce monde et dans l'au-delà.

Exprimer la Kalima-i-shahâdat et croire en sa signification est appelé îmân. Une personne qui exprime la Kalima-i-shahâdat et croit aux faits rapportés par cette parole est appelée Mu'min (Croyant). La Kalima-i-shahâdat est "Ashhadu an lâ ilâha ill-Allah wa ash-hadu anna Muhammadan 'abduhu wa rasûluh". Cela signifie :

> "Il n'y a pas d'ilâh (être à adorer) en dehors d'Allah ; et Muhammad 'alaihis-salâm' est Son esclave né et Son Messager qu'Il a envoyé pour (guider) toute l'humanité."

Aucun prophète ne viendra après lui. Il est dit comme suit dans les notes de bas de page de Tahtâwî, à la fin du sujet traitant de la façon d'accomplir les prières quotidiennes de namâz que l'on a en quelque sorte manquées ou omises, dans le livre *Merâq-il-felâh* :

"L'Islam n'est pas seulement croire que Allâhu ta'âlâ existe. Les mécréants qui lui attribuent des associés croient aussi en son existence. Pour être un Mu'min (croyant), il est nécessaire de croire qu'Il existe, qu'Il possède des attributs de perfection tels que le fait d'être Unique, d'être Vivant, l'Omnipotence, l'Omniscience et la Volonté, qu'Il voit et entend tout, et qu'il n'y a pas de créateur en dehors de Lui."

Croire que Muhammad 'alaihis-salâm' est le (Messager = Prophète) signifie croire que tous ses enseignements lui ont été dictés par Allâhu ta'âlâ. Allâhu ta'âlâ lui a révélé l'Islam, c'est-à-dire l'îmân et les enseignements de la Sharî'at à travers le Qur'ân al-kerîm. Les commandements à observer sont appelés Fard. Les interdictions sont appelées Harâm. L'ensemble est appelé Sharî'at. Dès qu'une personne devient musulmane, il devient fard pour elle d'accomplir le namâz (cinq fois par jour) et d'apprendre les enseignements islamiques communément connus parmi les gens. S'il néglige de les apprendre, par exemple, s'il dit qu'il n'est pas nécessaire de les apprendre, il perd son îmân et devient un kâfir (mécréant). Il est écrit dans la 266ème lettre de notre livre *Müjdeci Mektuplar* que ceux qui sont morts comme kâfirs ne seront pas pardonnés et seront soumis à un feu éternel en enfer. Une personne qui perd son îmân est appelée un murtad (renégat). Les gens qui ont une croyance correcte concernant les faits enseignés dans le Qur'ân al-kerîm et les hadîth-i-sherîfs sont appelés Ahl as-sunna (musulmans sunnites). Allâhu ta'âlâ, étant très compatissant, n'a pas tout déclaré ouvertement. Il a exprimé certains faits dans un langage caché. Les gens qui croient au Qur'ân al-kerîm et aux hadîth-i-sherîfs mais qui ne sont pas d'accord avec les savants de Ahl as-sunna dans l'interprétation de certaines de leurs parties, sont appelés les gens sans madh-hab. Parmi les gens sans madh-hab, ceux qui interprètent mal seulement les enseignements de l'îmân exprimés secrètement sont appelés les gens de la bid'at ou les musulmans déviants. Ceux qui interprètent mal ceux qui sont déclarés ouvertement sont appelés les Mulhids. Un mulhid est un mécréant, bien qu'il puisse se considérer comme un musulman. Une personne de bid'at, cependant, n'est pas un mécréant. Pourtant, il sera certainement soumis à un tourment très amer en enfer. Parmi les livres qui informent que les Ahl as-Sunnat 'ulamâ sont sur le bon chemin et sont supérieurs, le livre Mahzan ul-fiqh il-kubrâ de Muhammad Suleiman Efendi, un Soudanais vertueux, est très précieux. D'autre part, les kâfirs qui prétendent être musulmans alors qu'ils ne le sont pas et interprètent les enseignements manifestes du Qur'ân al-kerîm en fonction de leurs capacités mentales personnelles et des informations scientifiques, et qui trompent les musulmans, sont appelés zindiqs.

Différents savants d'Ahl as-sunnat ont tiré des conclusions et des significations différentes des parties cachées de la Sharî'at. Ainsi, quatre madh-habs différents sont apparus dans les questions relatives aux pratiques religieuses, c'est-à-dire dans l'adaptation de soi à la Sharî'at. Ces madh-habs sont nommés Hanafî, Mâlikî, Shâfi'î et Hanbalî. Ces quatre madh-habs sont d'accord sur les questions relatives à l'îmân (la croyance). Ils ne diffèrent que légèrement dans les manières d'adorer. Les personnes qui appartiennent à ces quatre madh-habs se considèrent mutuellement comme des frères en Islam. Chaque musulman est libre de choisir et d'imiter l'un des quatre madh-habs et d'accomplir tous ses actes conformément à ce madh-hab. La répartition des musulmans en quatre madh-habs est le résultat de la miséricorde, de la grande compassion qu'Allâhu ta'âlâ a sur les musulmans. Si un musulman a du mal à accomplir un culte compatible avec son propre madh-hab, il peut imiter un autre madh-hab et ainsi accomplir son culte facilement. Les conditions à remplir pour imiter un autre madh-hab sont écrites dans le livre (turc) Se'âdet-i Ebediyye (La félicité sans fin).

Le culte le plus important est le namâz. Si une personne accomplit le namaz, il sera entendu qu'elle est musulmane. Si une personne ne pratique pas le namaz, il sera douteux qu'elle soit musulmane. Si une personne accorde de l'importance au namaz et le néglige par paresse alors qu'elle n'a pas d'excuse valable pour ne pas le faire, les tribunaux des madh-habs Mâlikî, Shâfi'î et Hanbalî lui donneront la peine de mort (si elle est dans l'un de ces madh-habs). S'il est dans le madh-hab Hanafî, il sera gardé prisonnier jusqu'à ce qu'il commence à accomplir le namâz régulièrement et on lui ordonnera d'accomplir toutes les prières de namâz qu'il a omises. Il est indiqué comme suit dans les livres Durr-ul-muntaqa et Ibni Âbidîn, et dans Kitâb-us-salât, publié par Hakîkat Kitâbevi en Turquie : "Omettre les cinq prières quotidiennes de namâz, c'est-à-dire ne pas les accomplir aux heures prescrites sans avoir d'excuse valable pour ne pas le faire, est un péché grave. Le pardon de ce péché nécessite de faire un hajj ou une tawba." Et la tawba faite pour cela, à son tour, ne sera pas acceptable à moins d'accomplir la prière, ou les prières, de namâz qu'on a omises. On doit se libérer de cet état de harâm en accomplissant les prières omises de fard namâz au lieu des prières quotidiennes de sunnat namâz appelées Rawâtib. Il est écrit dans les livres religieux authentiques que si une personne a des dettes de prières fard namâz, aucune de ses prières sunnat ou surérogatoires namâz ne sera acceptée, même si elles sont sahîh. C'est-à-dire qu'il n'atteindra pas les thawâbs (récompenses), les avantages qu'Allâhu ta'âlâ promet (pour l'accomplissement des prières surérogatoires). Leurs écrits sont cités dans notre livre (turc) Se'âdet-i Ebediyye. Il n'est pas péché de manquer un namâz pour de bonnes raisons (prescrites par l'Islam). Cependant, les quatre madhhabs sont d'accord sur le fait que l'on doit accomplir dès que possible les prières de namâz que l'on a manquées ou omises, que ce soit avec de bonnes excuses ou non. Dans le Madhhab Hanafî seulement, il serait permis de les reporter aussi longtemps que le temps nécessaire pour travailler pour sa subsistance ou pour accomplir les prières de sunnat namâz appelées Rawâtib ou les prières surérogatoires de namâz conseillées par les hadîth-i-sherîfs. C'est-à-dire qu'il sera bon de reporter les qadâ namâzes avec ces raisons. Selon les trois autres Madh-habs, cependant, il n'est pas permis à une personne qui a des dettes de namâz omises pour de bonnes raisons d'accomplir les soi-disant prières de sunnat namâz ou toute sorte de namâz surérogatoire ; c'est harâm. Le fait que les prières de namaz omises pour de bonnes raisons ne sont pas les mêmes que celles négligées sans bonnes raisons est écrit clairement dans Durr ul-Mukhtâr, Ibni 'Âbidîn, Durr ul-Muntaqâ, Tahtâwî explication de Merâk il-felâh et Jawhara.

DÉJÀ PARUS

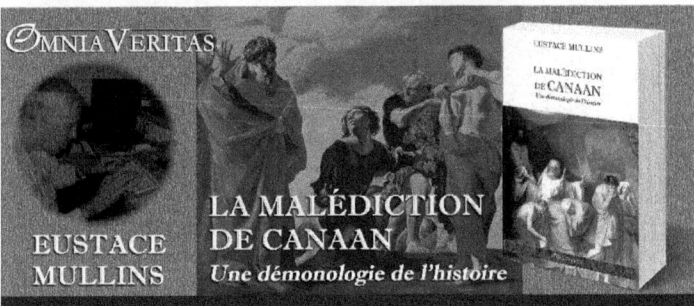

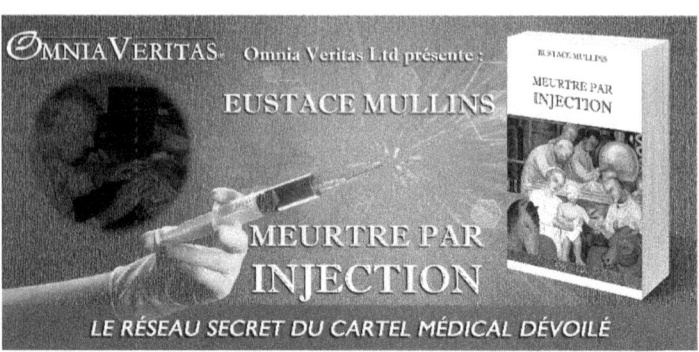

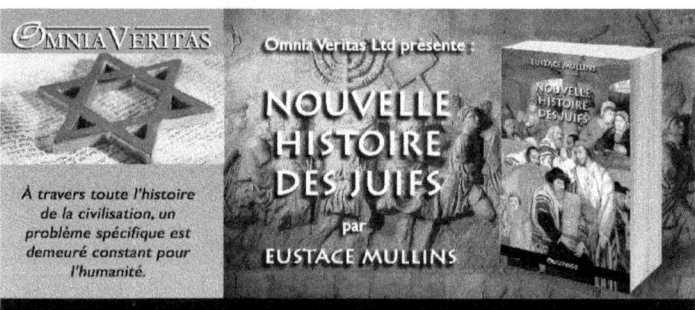

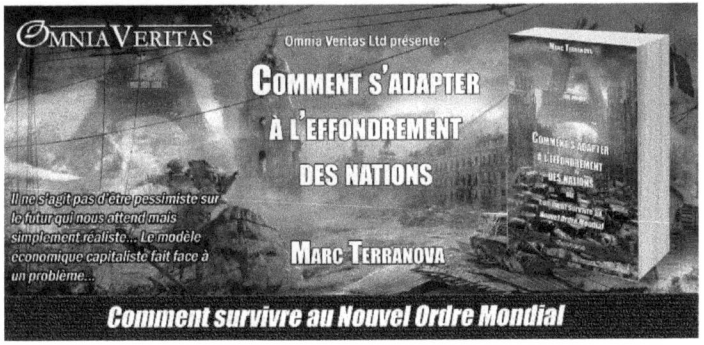

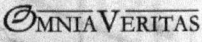

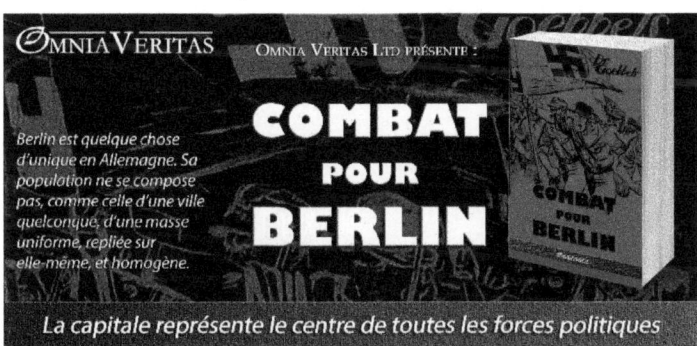

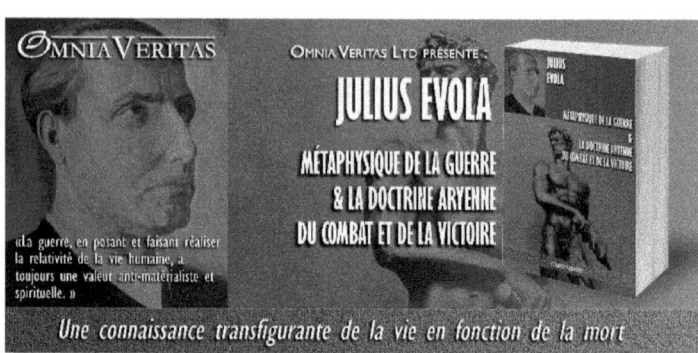

Omnia Veritas Ltd présente :

L'EMPRISE DU MONDIALISME

I — CRISE ÉCONOMIQUE MAJEURE ORIGINE - ABOUTISSEMENT

II — INITIATION & SOCIÉTÉS SECRÈTES

III — LE SECRET DES HAUTES TECHNOLOGIES

IV — HÉRÉSIE MÉDICALE & ÉRADICATION DE MASSE

V — L'EMPOISONNEMENT GLOBAL

I   II   III   IV   V

Le mondialisme décrypté après sept années d'investigation

Omnia Veritas Ltd présente :

Pierre-Antoine Cousteau
Lucien Rebatet

Dialogues de "vaincus"

«Pour peu qu'on décortique un peu le système, on retrouve toujours la vieille loi de la jungle, c'est-à-dire le droit du plus fort.»

Le Droit et la Justice sont des constructions métaphysiques

Omnia Veritas Ltd présente :

Lucien Rebatet

Les décombres

La France est gravement malade, de lésions profondes et purulentes. Ceux qui cherchent à les dissimuler, pour quelque raison que ce soit, sont des criminels.

Mais que vienne donc enfin le temps de l'action !

Milton Keynes UK
Ingram Content Group UK Ltd.
UKHW020829050923
428087UK00016B/1080